Curso

La diferencia entre aprobar
y sacar plaza

Operario/a de Servicios

SERVICIO DE SALUD DE CASTILLA Y LEÓN (SACYL)

Si aún no dispones de tu **Curso MAD360**, te ofrecemos un acceso GRATIS de 30 días para que disfrutes de los siguientes recursos:

- Técnicas de Memoria 360.
- MADTEST: Test *online* Nivel PRO.
- Temario en formato digital.
- Planificación de estudio.
- Foro entre opositores hasta la fecha del examen.*
- Recursos y novedades exclusivas.
- Consulta sobre la oposición y el proceso selectivo
- Actualizaciones legislativas (Boletines Oficiales) hasta 60 días antes de la fecha del examen.*

Para acceder a esta prueba del Curso MAD360** será necesaria la compra de este libro de la edición 2024.

Regístrate en **mad.es/iniciar-sesion** y en la pestaña BIBLIOTECA valida los códigos que encuentras en la última página de tus libros.

NOTA IMPORTANTE:

* Examen de esta categoría profesional correspondiente a la convocatoria publicada en el BOCYL núm. 236, de 4 de diciembre de 2024, o hasta el 31 de enero de 2026, lo que se cumpla antes, y previa renovación del servicio.

** El acceso al CURSO MAD360 estará disponible desde enero de 2025 (algunos recursos podrían estar disponibles en fecha posterior). Tendrá una duración de 30 días RENOVABLES mediante pago, desde la validación de códigos, o hasta el 31 de julio de 2026, lo que se cumpla antes.

MAD se reserva el derecho a ampliar dichas fechas.

Operario/a de Servicios del Servicio de Salud de Castilla y León (SACYL)

Enero, 2025

Operario/a de Servicios del Servicio de Salud de Castilla y León (SACYL)

Test del temario

ANA MARÍA SERRANO BÁRCENA
Licenciada en Biología

ROBERTO SALAMANCA CRIADO
Licenciado en Derecho

© 7 Editores Recursos para la Cualificación Profesional y el Empleo, S.L. (7 Editores)
© Los autores
Primera edición, enero 2025 (194 páginas)
Derechos de edición reservados a favor de 7 Editores
IMPRESO EN ESPAÑA
Diseño Portada: 7 Editores
Edita: 7 Editores
Avda. San Francisco Javier, 9 · Edificio Sevilla 2 · Planta 11 · Módulos 25-27 · 41018 Sevilla
Teléfono: 954 784 411 · WEB: www.mad.es · e-mail: administracion@7editores.com
ISBN: 978-84-142-9066-8
© "Editorial Mad" y "Eduforma" son nombres comerciales registrados de
7 Editores Recursos para la Cualificación Profesional y el Empleo, S.L.

Índice

TEST N.º 1

Estructura de la Consejería de Sanidad. Reglamento de la Gerencia Regional de Salud de Castilla y León. Estructura orgánica de los servicios centrales y periféricos de la Gerencia Regional de Salud. La Atención especializada: Centros y servicios dependientes de la misma. Los órganos directivos, la estructura y organización de los hospitales

1. Compete a la Consejería de Sanidad, bajo la superior dirección del Consejero:

a) La dirección de la política sanitaria.
b) La ejecución de la política sanitaria.
c) La promoción de la política sanitaria.
d) Todas las anteriores.

2. De los que se enumeran, ¿cuál es un órgano directivo central de la Consejería de Sanidad actualmente?

a) La Dirección General de Salud Pública.
b) Dirección General de Asistencia Sanitaria.
c) El Servicio de Epidemiología.
d) La Intervención Delegada.

3. ¿Quién preside el Consejo de Dirección de la Consejería?

a) El titular de la Consejería.
b) El Secretario General.
c) El Director General competente en función de la materia a tratar.
d) Todas son falsas.

4. ¿Qué órgano de la Consejería de Sanidad es el encargado de la tramitación de los expedientes de contratación en materias propias de la Consejería?

a) La Dirección General de Salud Pública.
b) La Agencia de Protección de la Salud y Seguridad Alimentaria.

c) La Dirección General de Planificación Sanitaria, Investigación e Innovación.

d) La Secretaría General.

5. ¿Qué competencia de las que se enumeran no está atribuida a la Secretaría General de la Consejería de Sanidad de Castilla y León?

a) La coordinación e impulso de las publicaciones de la Consejería.

b) La realización y coordinación de estadísticas en materia sanitaria, incluido el seguimiento de estas.

c) La coordinación interadministrativa de todos los órganos de la Consejería y de la Gerencia Regional de Salud, así como las derivadas de la adscripción de ésta a la Consejería.

d) La información y educación en materia de consumo.

6. No es una competencia de la Secretaría General:

a) La gestión de los recursos informáticos de la Consejería.

b) La realización y coordinación de estadísticas en materia sanitaria, incluido el seguimiento de las mismas.

c) La difusión de la política sanitaria desarrollada por la Consejería y el estímulo a la participación y colaboración de la sociedad en aquélla.

d) La realización sistemática de acciones para la educación sanitaria de la población, y la promoción de hábitos saludables.

7. No es una unidad administrativa adscrita a la Secretaría General:

a) El Servicio de Estudios, Documentación y Estadística.

b) El Servicio de Informática.

c) El Servicio de Prevención de Riesgos Laborales.

d) El Servicio de Evaluación, Normativa y Procedimiento.

8. De las siguientes unidades administrativas, ¿Cuál no tiene rango de Servicio?:

a) El Servicio de Personal.

b) La Unidad de Archivo Central.

c) El Servicio de Gestión de Recursos Comunes.

d) La Asesoría Jurídica.

9. El soporte y apoyo técnico a la Unidad del Archivo Central, corresponde a:

a) El Servicio de Gestión de Recursos Comunes.

b) El Servicio de Personal.

c) El Servicio de Informática.

d) Todas son falsas.

10. Para el ejercicio de sus funciones, ¿de cuántos negociados dispone la Asesoría Jurídica?

a) Un negociado.
b) Dos negociados.
c) Tres negociados.
d) Ningún negociado.

11. La preparación del anteproyecto de presupuesto corresponde a:

a) La Oficina de Gestión Económica y Control Presupuestario.
b) El Servicio de Personal.
c) El Servicio de Gestión de Recursos Comunes.
d) El Servicio de Compras Sanitarias.

12. La gestión y control interno de la publicación en el «Boletín Oficial de Castilla y León» de las disposiciones y actos administrativos, corresponde:

a) Al Servicio de Estudios, Documentación y Estadística.
b) Al Servicio de Evaluación, Normativa y Procedimiento.
c) A la Unidad de Archivo Central.
d) Al Servicio de Informática.

13. No es una competencia del Servicio de Informática:

a) La supervisión del nivel de servicio a los usuarios de los recursos informáticos.
b) La planificación de las estrategias informáticas de I+D+I.
c) El análisis de necesidades sobre dotaciones informáticas
d) El mantenimiento de los proyectos informáticos implantados en la Consejería.

14. ¿De qué año es el Decreto que establece la actual estructura orgánica de la Consejería de Sanidad de Castilla y León?

a) 2012.
b) 2017.
c) 2022.
d) 2005.

15. En concreto, ¿qué norma de la Junta de Castilla y León establece la estructura orgánica de la Consejería de Sanidad?

a) El Decreto 12/2022.
b) El Decreto 26/2022.
c) El Decreto 77/2007.
d) Todos los anteriores son falsos.

16. El establecimiento, definición, gestión funcional y explotación de los registros y sistemas de información necesarios para la vigilancia en salud pública, corresponde a:

a) El Director General de Salud Pública.
b) El Consejero de Sanidad.
c) El Secretario General de la Consejería.
d) El Gerente Regional de Salud.

17. Son competencias de la Dirección General de salud Pública:

a) La realización sistemática de acciones para la educación para la salud de la población, y la promoción de hábitos saludables.
b) El control sanitario de los riesgos para la salud derivados de la contaminación del medio en el que se desenvuelve la vida, así como de los alimentos y productos alimenticios.
c) Las respuestas a y b son correctas.
d) Las respuestas a y b son falsas.

18. Es una unidad administrativa de la Dirección General de Salud Pública:

a) El Servicio de Promoción de la Salud y Salud Laboral.
b) El Servicio de Ordenación Sanitaria.
c) El Servicio de Seguridad Alimentaria.
d) Todas son correctas.

19. Compete al Servicio de Vigilancia en Salud Pública:

a) El establecimiento, definición, gestión funcional y explotación de los registros y sistemas de información necesarios para el desarrollo de la vigilancia en salud pública.
b) La realización de estudios específicos sobre los problemas y determinantes de la salud en el ámbito territorial de la Comunidad de Castilla y León.
c) El fomento, promoción, desarrollo y evaluación de acciones de investigación en el ámbito de la salud pública.
d) Todas son correctas.

20. Forma parte de las funciones del Servicio de Evaluación de Riesgos y Procesos:

a) La elaboración, gestión y evaluación de los programas de vacunación, así como de actividades de prevención y profilaxis para viajes internacionales.
b) Las derivadas del ejercicio de la autoridad sanitaria en las actividades de prevención de la enfermedad.
c) La realización de estudios sobre los determinantes de la salud en el ámbito territorial de la Comunidad Autónoma.
d) Todas son falsas.

21. Cuál de las siguientes unidades administrativas forma parte del Servicio de Salud Ambiental:

a) La Sección de Vacunas.
b) La Sección de Control de Enfermedades Transmisibles.
c) La Sección de Vigilancia Epidemiológica.
d) Ninguna de ellas son unidades administrativas que formen parte del Servicio.

22. La elaboración, organización, gestión y evaluación de los programas de vigilancia y control oficial sanitario de riesgos alimentarios en origen y en destino, así como de sus sistemas de información, es competencia de:

a) La Secretaría General.
b) El Servicio de Seguridad Alimentaria de la Dirección General de Salud Pública.
c) El Servicio de Salud Ambiental de la Dirección General de Salud Pública.
d) La Gerencia Regional de Salud.

23. El Servicio de Prospección Sanitaria y Gobernanza está encuadrado en la estructura de:

a) La Dirección General de Planificación Sanitaria, Investigación e Innovación.
b) La Dirección General de Personal y Desarrollo Profesional.
c) La Secretaria General.
d) Todas son falsas.

24. La Gerencia Regional de Salud tiene por finalidad:

a) Ejercer las competencias de regulación de servicios sanitarios de carácter asistencial y de atención a la salud de la Comunidad de Castilla y León.
b) Ejercer las competencias de administración y gestión de prestaciones sociales de la Comunidad de Castilla y León.
c) Ejercer las competencias de administración y gestión de programas privados sanitarios de carácter asistencial y de atención a la salud de la Comunidad de Castilla y León.
d) Todas son falsas.

25. La Gerencia Regional de Salud elaborará y desarrollará en el ámbito asistencial:

a) Un Plan de Administración.
b) Un Plan de Prevención.
c) Un Plan de Gestión.
d) Un Plan Anual de Intervención.

26. La duración del Plan anterior será

a) Anual.
b) Semestral.

c) Bianual.
d) Trianual.

27. Tiene la consideración de órgano participación de la Gerencia Regional de Salud

a) El Presidente.
b) Las Direcciones Generales.
c) El Director Gerente.
d) La Comisión Permanente del Consejo Castellano y Leonés de Salud.

28. Podrán constituirse Unidades de Gestión Clínica:

a) En el ámbito de la organización periférica de la Gerencia Regional de Salud.
b) Dentro de las Direcciones Generales.
c) Dependientes del Presidente.
d) Todas son correctas.

29. El Presidente de la Gerencia Regional de Salud será:

a) El Presidente de la Junta de Castilla y León.
b) El titular de la Consejería competente en materia de Sanidad.
c) Diferente del titular de la Consejería competente en materia de Sanidad.
d) El Secretario General de la Consejería competente en materia de Sanidad.

30. No es competencia del Director Gerente de la Gerencia Regional de Salud:

a) Aprobar la Memoria Anual de la Gerencia Regional de Salud.
b) Prestar asistencia técnica al Presidente de la Gerencia Regional de Salud en cuantos asuntos éste considere convenientes.
c) Proponer al Presidente de la Gerencia Regional de Salud la resolución que estime procedente en los asuntos de su competencia cuya tramitación le esté encomendada
d) Coordinar, bajo la dirección del Presidente de la Gerencia Regional de Salud, el desarrollo de los programas de las Direcciones Generales y entidades vinculadas a la Gerencia Regional de Salud

31. ¿A quién corresponde la jefatura superior del personal de la Gerencia Regional de Salud?

a) Al presidente.
b) Al Director Gerente.
c) Al Secretario General.
d) Todas son falsas.

32. El Director Económico Presupuestario y Financiero será:

a) El titular de la Secretaría General de la Consejería competente en materia de Sanidad.
b) El titular de la de la Consejería competente en materia de Sanidad.

c) El viceconsejero competente en materia de Sanidad.
d) Todas son falsas.

33. Los titulares de las Direcciones Generales de la Gerencia Regional de Salud serán nombrados:

a) Por la Junta de Castilla y León.
b) Por el Consejero de Sanidad.
c) Por el Director Gerente.
d) Por el Secretario General.

34. Las Direcciones Generales de la Gerencia Regional de Salud se estructuran:

a) En Direcciones Técnicas y el resto de los órganos y unidades administrativas que se determinen.
b) En Servicios.
c) En Unidades Técnicas.
d) En Áreas.

35. La elaboración de la propuesta de relación de puestos de trabajo del personal adscrito a la Gerencia Regional de Salud, compete:

a) A la Dirección General de Asistencia Sanitaria y Humanización.
b) A la División Médica.
c) A la Dirección General de Personal y Desarrollo Profesional.
d) Al Gerente.

36. Las Gerencias de Asistencia Sanitaria serán creadas:

a) Mediante Ley.
b) Mediante Decreto de la Junta de Castilla y León.
c) Mediante Orden.
d) Mediante Resolución motivada.

37. Las Gerencias de Asistencia Sanitaria dependen orgánicamente:

a) Del Presidente de la Gerencia Regional de Salud.
b) Del Director General de Asistencia Sanitaria.
c) Del Director Gerente.
d) Ninguna es correcta.

38. La estructura y organización de las Gerencias de Asistencia Sanitaria se desarrollará:

a) Mediante Ley.
b) Mediante Decreto.

c) Mediante Orden de la Consejería competente en materia Sanidad.
d) Todas son falsas.

39. Corresponde al Gerente de Asistencia Sanitaria en el ámbito de su Área de Salud:

a) La dirección y gestión de los recursos humanos, económicos, materiales y financieros adscritos a la Gerencia de Asistencia Sanitaria.
b) El impulso y fomento de la docencia.
c) El impulso de un sistema de información integrado que garantice la gestión integrada y el seguimiento de los procesos.
d) Todas son correctas.

40. No ponen fin a la vía administrativa:

a) Los actos del Presidente.
b) Los actos del Director Gerente y los Directores Generales en materia presupuestaria.
c) Los actos de los órganos inferiores en los casos en que resuelvan por delegación de otros órganos cuyas resoluciones pongan fin a la vía administrativa.
d) Las resoluciones dictadas en los recursos de alzada.

41. La Gerencia Regional de Salud, dispondrá de una Tesorería Delegada:

a) Con rango de servicio.
b) Encargada de gestionar los recursos financieros de la Gerencia Regional de Salud.
c) Encargada de realizar los pagos de la Gerencia Regional de Salud.
d) Todas son correctas.

42. ¿Cuál de las siguientes afirmaciones, referidas a la Gerencia Regional de Salud, no es correcta?

a) Aunque su estructura ha cambiado, su funcionamiento es idéntico al del momento de su creación.
b) Se ha venido reorganizando para adecuarla a la incorporación progresiva de las competencias en materia de sanidad y asistencia sanitaria a la Comunidad de Castilla y León.
c) El punto culminante de su adaptación se produce con el Decreto 287/2001.
d) El elemento más importante de su adaptación es la atribución a la Comunidad de Castilla y León la competencia en la gestión de la asistencia sanitaria de la seguridad social y el posterior traspaso de las funciones y servicios del Instituto Nacional de Salud.

43. La reorganización de la estructura de la Gerencia Regional de Salud busca:

a) La mayor autonomía posible dentro de la administración regional.
b) La mayor integración posible con la Consejería de Sanidad a la que se encuentra adscrita.

c) La mayor integración posible con el Ministerio de Sanidad.
d) Todas son correctas.

44. La Gerencia Regional de Salud tiene carácter de:

a) Entidad Pública empresarial.
b) Organismo Autónomo.
c) Entidad jurídica privada.
d) Centro Regional de recursos.

45. La reorganización de la estructura de la Gerencia Regional de Salud busca:

a) Una mejor distribución de competencias que podrán desarrollarse de manera más eficiente y coordinada.
b) La racionalización de la estructura periférica.
c) Lograr la continuidad, integración y coordinación funcional entre los niveles asistenciales de primaria y especializada.
d) Todas son correctas.

46. ¿A quién sustituyeron las Gerencias de Asistencia Sanitaria?

a) A las Gerencias de Atención Primaria.
b) A las Gerencias de Atención Especializada.
c) A las Gerencias de Salud de Área.
d) A ninguna de las anteriores.

47. Señalar la respuesta correcta:

a) La Gerencia Regional de Salud no es un organismo autónomo.
b) La Gerencia Regional de Salud tiene personalidad jurídica y patrimonio indiferenciados de la Consejería de Sanidad.
c) La Gerencia Regional de Salud tiene plena capacidad de obrar para el cumplimiento de sus fines.
d) La tesorería de la Gerencia Regional de Salud es la de la Consejería de Sanidad.

48. ¿Por qué normativa se rige la Gerencia Regional de Salud en lo relativo a la determinación de los beneficiarios, requisitos e intensidad de la acción protectora?

a) Por la normativa general de la Seguridad Social.
b) Por la Ley de Ordenación del Sistema de Salud de Castilla y León.
c) Por las Leyes anuales de presupuestos de la Comunidad de Castilla y León.
d) Por la Ley de Patrimonio de la Comunidad de Castilla y León.

49. ¿Cuál es el instrumento de trabajo por el cual se vinculan de forma directa las relaciones de la Gerencia Regional de Salud y sus centros e instituciones?

a) Los Planes.
b) Las circulares.

c) Los programas.
d) La a y la c son correctas.

50. ¿Cuál de los siguientes órganos centrales de la Gerencia Regional de Salud no es unipersonal?

a) Presidente.
b) Director Gerente.
c) Director económico.
d) Comisión Permanente.

Solución al test n.º 1

1. d) Todas las anteriores.

2. a) La Dirección General de Salud Pública.

3. a) El titular de la Consejería.

4. d) La Secretaría General.

5. d) La información y educación en materia de consumo.

6. d) La realización sistemática de acciones para la educación sanitaria de la población, y la promoción de hábitos saludables.

7. c) El Servicio de Prevención de Riesgos Laborales.

8. b) La Unidad de Archivo Central.

9. a) El Servicio de Gestión de Recursos Comunes.

10. d) Ningún negociado.

11. a) La Oficina de Gestión Económica y Control Presupuestario.

12. b) Al Servicio de Evaluación, Normativa y Procedimiento.

13. b) La planificación de las estrategias informáticas de I+D+I.

14. c) 2022.

15. a) El Decreto 12/2022.

16. a) El Director General de Salud Pública.

17. c) Las respuestas a y b son correctas.

18. d) Todas son correctas.

19. d) Todas son correctas.

20. d) Todas son falsas.

21. d) Ninguna de ellas son unidades administrativas que formen parte del Servicio.

22. b) El Servicio de Seguridad Alimentaria de la Dirección General de Salud Pública.

23. a) La Dirección General de Planificación Sanitaria, Investigación e Innovación.

24. d) Todas son falsas.

25. c) Un Plan de Gestión.

26. a) Anual.

27. d) La Comisión Permanente del Consejo Castellano y Leonés de Salud.

28. a) En el ámbito de la organización periférica de la Gerencia Regional de Salud.

29. b) El titular de la Consejería competente en materia de Sanidad.

30. a) Aprobar la Memoria Anual de la Gerencia Regional de Salud.

31. b) Al Director Gerente.

32. a) El titular de la Secretaría General de la Consejería competente en materia de Sanidad.

33. a) Por la Junta de Castilla y León.

34. a) En Direcciones Técnicas y el resto de los órganos y unidades administrativas que se determinen.

35. c) A la Dirección General de Personal y Desarrollo Profesional.

36. b) Mediante Decreto de la Junta de Castilla y León.

37. a) Del Presidente de la Gerencia Regional de Salud.

38. c) Mediante Orden de la Consejería competente en materia Sanidad.

39. d) Todas son correctas.

40. b) Los actos del Director Gerente y los Directores Generales en materia presupuestaria.

41. d) Todas son correctas.

42. a) Aunque su estructura ha cambiado, su funcionamiento es idéntico al del momento de su creación.

43. b) La mayor integración posible con la Consejería de Sanidad a la que se encuentra adscrita.

44. b) Organismo Autónomo.

45. d) Todas son correctas.

46. c) A las Gerencias de Salud de Área.

47. c) La Gerencia Regional de Salud tiene plena capacidad de obrar para el cumplimiento de sus fines.

48. a) Por la normativa general de la Seguridad Social.

49. d) La a y la c son correctas.

50. d) Comisión Permanente.

TEST N.º 2

Ley 2/2007, de 7 de marzo, del Estatuto Jurídico del personal estatutario del servicio de Salud de Castilla y León: Clasificación del personal estatutario. Provisión de plazas, selección y promoción interna temporal

1. La Ley del Estatuto Jurídico del personal estatutario del Servicio de Salud data de:

a) 1987.
b) 1997.
c) 2007.
d) 2006.

2. La estructura de la Ley se compone de:

a) 8 Títulos.
b) 8 Capítulos.
c) 16 Títulos.
d) 16 Capítulos.

3. El Capítulo II de la Ley se refiere:

a) A los órganos superiores en materia de personal estatutario.
b) A los derechos y deberes de este personal.
c) Al Régimen presupuestario.
d) A la regulación del tiempo de trabajo.

4. Los mecanismos de ordenación y planificación de recursos humanos del Servicio de Salud de Castilla y León se regulan en el Capítulo:

a) II.
b) V.
c) IV.
d) VII.

5. Los criterios para la clasificación del personal estatutario estarán basados:

a) En las funciones que va a desarrollar.
b) En la experiencia.
c) En los niveles de titulación.
d) Las opciones a y c son correctas.

6. Se acordará el cese de personal estatutario interino cuando concurra alguna de las siguientes circunstancias:

a) Amortización de la plaza.
b) Desaparición de las razones de necesidad que motivaron la cobertura de la plaza.
c) Resolución de la relación estatutaria durante el período de prueba.
d) Todas son correctas.

7. Procederá el nombramiento de personal estatutario eventual:

a) Cuando se trate de la prestación de determinados servicios de naturaleza ordinaria.
b) Cuando sea necesario para garantizar el funcionamiento esporádico de los centros e instituciones sanitarias.
c) Para la prestación de servicios complementarios de una reducción de jornada ordinaria.
d) Todas son falsas.

8. Se acordará el cese de personal estatutario eventual:

a) Cuando se produzca la causa o venza el plazo que expresamente se determine en su nombramiento.
b) Cuando se supriman las funciones que en su día lo motivaron.
c) Cuando haya resolución de la relación estatutaria durante el período de prueba.
d) Todas son ciertas.

9. Podrán establecerse especialidades dentro de las categorías profesionales en razón de:

a) La eficacia en la gestión.
b) La estabilidad en el puesto de trabajo.
c) La titulación o formación específica exigida para el acceso.
d) Todas son correctas.

10. No es una categoría de personal estatutario sanitario:

a) La categoría de Licenciado Especialista.
b) La categoría de Titulado Superior en Administración Sanitaria.
c) La categoría de Médico de urgencias hospitalarias.
d) La categoría de Médico de urgencias y emergencias.

11. ¿Quiénes se encargarán de la vigilancia, guardia y custodia de todo tipo de dependencias de la Administración?

a) Los celadores.
b) Los operarios de oficios
c) Los operarios de servicios.
d) Otros técnicos especialistas de oficios.

12. ¿Y del manejo de máquinas reproductoras y auxiliares?

a) Los celadores.
b) Los operarios de oficios
c) Los operarios de servicios.
d) Otros técnicos especialistas de oficios.

13. ¿Y de la preparación de comedores?

a) Los celadores.
b) Los operarios de oficios.
c) Los operarios de servicios.
d) Otros técnicos especialistas de oficios.

14. No es cometido de un técnico de cocina:

a) La presentación de toda clase de alimentos.
b) La preparación de comedores.
c) La manipulación de alimentos.
d) Elaborar los menús.

15. ¿A quién corresponde intervenir en los proyectos de edificación y obra civil?

a) Al Titulado Superior Jurídico.
b) Al Ingeniero Técnico.
c) Al Técnico Especialista de Delineación.
d) A todos ellos.

16. La elaboración de los planes de necesidades de tecnologías de la información y protocolos de actuación corresponde:

a) Al Titulado Superior de Informática.
b) Al Titulado Superior en Administración Sanitaria.
c) A la categoría de Gestión Informática.
d) A la categoría de Ingeniero Técnico.

17. ¿Qué categoría proporcionará cuidados auxiliares al paciente y actuará sobre las condiciones sanitarias de su entorno?

a) La categoría de Terapeuta ocupacional.
b) La categoría de Técnico Especialista Sanitario en Anatomía Patológica.
c) La categoría de Técnico Especialista Sanitario en Imagen para el Diagnóstico.
d) La categoría de Técnico en cuidados auxiliares de Enfermería.

18. ¿En qué categoría se exige para su nombramiento el título de especialista en ciencias de la Salud?

a) Médico de Admisión y Documentación clínica.
b) Licenciado Especialista.
c) Médico de urgencias y emergencias.
d) Farmacéutico.

19. La Ley del Estatuto Jurídico del personal estatutario del Servicio de Salud:

a) Tiene carácter básico.
b) Tiene que respetar lo establecido con carácter básico por la normativa estatal.
c) Deroga la legislación estatal.
d) Se ratifica por una Ley Orgánica.

20. Los sistemas propios de selección y provisión se inspiran:

a) En los principios constitucionales de igualdad, mérito y capacidad.
b) En los principios de agilidad, competencia, periodicidad, publicidad y estabilidad en el empleo.
c) En la limitación de la tasa de interinidad y libre circulación de los profesionales.
d) Todas son correctas.

21. El Capítulo VI de la Ley se refiere:

a) A los órganos superiores en materia de personal estatutario.
b) A los derechos y deberes de este personal.
c) A la provisión de plazas, la selección de personal y la promoción interna.
d) A la regulación del tiempo de trabajo.

22. El régimen retributivo del Servicio de Salud de Castilla y León se regula en el Capítulo:

a) II.
b) V.
c) IV.
d) VIII.

23. Con carácter general, ¿Cuál es el sistema para la selección del personal estatutario fijo?

a) Oposición.
b) Nombramiento.
c) Concurso-oposición.
d) Oposición.

24. Las bases de las convocatorias de las pruebas selectivas vincularán:

a) A la Administración.
b) A los órganos de selección que hayan de juzgar las pruebas selectivas.
c) A los participantes en las pruebas selectivas.
d) A todos ellos.

25. No es necesario que se recoja en la convocatoria de las pruebas selectivas:

a) La fecha de publicación de la relación de aprobados.
b) El orden de actuación de los aspirantes.
c) El modelo de solicitud
d) Los lugares, centros o dependencias donde puedan presentarse las solicitudes.

26. El plazo máximo para resolver un proceso selectivo no podrá exceder de:

a) Seis meses.
b) Ocho meses.
c) Doce meses.
d) El año natural de la convocatoria.

27. ¿Cuál es la edad mínima para poder participar en los procesos de selección de personal estatutario fijo?

a) Dieciséis años.
b) Dieciocho años.
c) Veintiún años.
d) La que establezca la convocatoria.

28. Salvo en los supuestos de supresión de la plaza, ¿Cuánto tiempo deberá permanecer el personal estatutario en la plaza obtenida con carácter definitivo en un concurso para poder participar en un nuevo concurso?

a) Un mínimo de un año.
b) Un mínimo de dos años.
c) Un mínimo de dos concursos.
d) No hay ningún tipo de límite.

29. ¿Cuándo tiene carácter obligatorio una reasignación de efectivos?

a) Siempre.
b) Cuando no exceda el ámbito de la localidad.
c) Cuando no exceda el ámbito del Área de Salud.
d) Cuando no exceda el ámbito de la provincia.

30. ¿Cuál de las siguientes afirmaciones referidas a las comisiones de servicio no es correcta?

a) La plaza o puesto de trabajo vacante ocupado en comisión de servicios será incluido en el proceso de provisión correspondiente.
b) El personal en comisión de servicios pasará a la situación de servicios especiales.
c) El personal en comisión de servicios mantendrá la reserva de su plaza de origen.
d) El período máximo de duración de una comisión de servicios en plaza vacante no podrá superar los dos años.

Solución al test n.º 2

1. c) 2007.

2. d) 16 Capítulos.

3. a) A los órganos superiores en materia de personal estatutario.

4. c) IV.

5. d) Las opciones a y c son correctas.

6. d) Todas son correctas.

7. c) Para la prestación de servicios complementarios de una reducción de jornada ordinaria.

8. d) Todas son ciertas.

9. c) La titulación o formación específica exigida para el acceso.

10. b) La categoría de Titulado Superior en Administración Sanitaria.

11. a) Los celadores.

12. a) Los celadores.

13. c) Los operarios de servicios.

14. b) La preparación de comedores.

15. c) Al Técnico Especialista de Delineación.

16. a) Al Titulado Superior de Informática.

17. d) La categoría de Técnico en cuidados auxiliares de Enfermería.

18. b) Licenciado Especialista.

19. b) Tiene que respetar lo establecido con carácter básico por la normativa estatal.

20. d) Todas son correctas.

21. c) La provisión de plazas, la selección de personal y la promoción interna.

22. d) VIII.

23. c) Concurso-oposición.

24. d) A todos ellos.

25. a) La fecha de publicación de la relación de aprobados.

26. b) Ocho meses.

27. a) Dieciséis años.

28. b) Un mínimo de dos años.

29. c) Cuando no exceda el ámbito del Área de Salud.

30. b) El personal en comisión de servicios pasará a la situación de servicios especiales.

TEST N.º 3

La Ley 31/1995, de 8 de noviembre, de Prevención de Riesgos Laborales: conceptos básicos. Equipos de protección Individual (EPIS) tipos y utilización de los mismos. Interpretación de etiquetado: (frases H y P) y pictogramas en productos de limpieza. Señalización de advertencia de en general. Riesgos asociados a la manipulación de productos de limpieza y maquinaria propia de la cocina. Medidas preventivas a adoptar por el personal de las áreas de cocina, almacén, limpieza y lavandería. Actuación en caso de accidente e incendio. Residuos: Clasificación (tipología, tipo de contenedor y método de manipulación) y tratamiento, (reciclado, eliminación…)

1. Los representantes de los trabajadores con competencia en materia de prevención de riesgos laborales son:

a) Los miembros de la Junta de personal, Junta Facultativo y Junta de Enfermería.
b) Los técnicos de prevención de riesgos laborales.
c) El Servicio de Medicina Preventiva.
d) Los delegados de prevención.

2. ¿Qué se entiende por "riesgo laboral"?

a) La posibilidad de que un trabajador sufra un determinado daño derivado del trabajo.
b) La posibilidad de que un trabajador sufra una enfermedad en el trabajo.
c) La posibilidad de que un trabajador sufra acoso.
d) El riesgo que supone el ir a trabajar.

3. Indica cuál es la definición de prevención:

a) La probabilidad racional de que un riesgo se materialice de forma inminente.
b) El estudio de los procesos potencialmente peligrosos para el trabajo.
c) Conjunto de actividades o medidas adoptadas o previstas en todas las fases de actividad de la empresa con el fin de evitar o disminuir los riesgos derivados del trabajo.
d) Posibilidad de que un trabajador sufra un determinado daño derivado del trabajo.

4. ¿Cuál es la vigente Ley de Prevención de Riesgos Laborales?

a) Ley 32/1995, de 8 de noviembre.
b) Ley 30/1996, de 8 de noviembre.
c) Ley 31/1995, de 6 de noviembre.
d) Ley 31/1995, de 8 de noviembre.

5. Entre los principios de la acción preventiva recogidos por el artículo 15 de la Ley de Prevención de Riesgos Laborales, no figura:

a) Evitar los riesgos.
b) Evaluar los riesgos que se puedan evitar.
c) Tener en cuenta la evolución de la técnica.
d) Dar las debidas instrucciones a los trabajadores.

6. En las empresas de hasta 30 trabajadores el Delegado de Prevención será:

a) El propio empresario.
b) El trabajador más antiguo.
c) El trabajador de mayor cualificación.
d) El delegado de personal.

7. El órgano paritario y colegiado de participación destinado a la consulta regular y periódica de las actuaciones de la empresa en materia de prevención de riesgos, es:

a) El Comité de Empresa.
b) El Consejo de Vigilancia de la Prevención.
c) La Comisión de Evaluación de Riesgos Laborales.
d) El Comité de Seguridad y Salud.

8. La evaluación de los riesgos laborales:

a) Es un proceso técnico en la organización del trabajo.
b) Es un proceso dirigido a estimar la magnitud de los riesgos que no hayan podido evitarse.
c) Es un procedimiento estático.
d) Es una práctica para el control y la protección de los trabajadores.

9. Según establece el art. 4 de la Ley 31/1995, de 8 de noviembre, de Prevención de Riesgos Laborales, se define como daños derivados del trabajo:

a) La posibilidad de que un trabajador sufra un determinado daño derivado del trabajo.
b) El que resulte probable racionalmente que se materialice en un futuro inmediato y pueda suponer un daño grave para la salud de los trabajadores.
c) Las enfermedades, patologías o lesiones sufridas con motivo u ocasión del trabajo.
d) Cualquier máquina, aparato, instrumento o instalación utilizada en el trabajo.

10. ¿Cuándo se deben utilizar los equipos de protección individual?

a) Siempre.
b) Cuando los riesgos no hayan sido evaluados.
c) Cuando los riesgos no se puedan evitar o no puedan limitarse.
d) Cuando el trabajador lo estime oportuno.

11. ¿Debe el trabajador prestar su consentimiento para que le realicen vigilancia de la salud?

a) No.
b) Sí.
c) Depende del número de trabajadores de la empresa.
d) Esta prestación es solo para personal fijo en la empresa.

12. ¿Cuál de los siguientes principios generales de la acción preventiva a aplicar en el trabajo, contenidos en la Ley de Prevención de Riesgos Laborales, es incorrecto?

a) Evaluar los riesgos que no se pueden evitar.
b) Priorizar medidas individuales a las colectivas.
c) Combatir los riesgos en su origen.
d) Tener en cuenta la evolución de la técnica.

13. Toda lesión corporal que el trabajador sufra con ocasión del trabajo que ejerza por cuenta ajena:

a) Es un riesgo laboral.
b) Es un accidente.
c) Es una enfermedad profesional.
d) Es una simple circunstancia.

14. ¿Cuál de los siguientes materiales es el más adecuado para un guante cuyo propósito es proteger contra sustancias químicas agresivas?

a) PVC.
b) Butilo.
c) Nitrilo.
d) Látex.

15. Si además de los ojos, el protector protege parte o la totalidad de la cara u otras zonas de la cabeza, se habla de:

a) Gafas de protección.
b) Cascos faciales.
c) Pantallas de protección.
d) Caretas de seguridad.

16. El calzado que incorpora elementos para proteger al usuario de riesgos que puedan originar accidentes, equipado con tope de seguridad, diseñado para ofrecer protección contra el impacto cuando se ensaya con un nivel de energía de, al menos, 200 J y contra la compresión cuando se ensaya con una carga de al menos 15 kN se denomina:

a) Calzado de seguridad.
b) Calzado de trabajo.
c) Calzado ignífugo.
d) Calzado de protección.

17. De los siguientes, se consideran legalmente equipos de protección individual:

a) Los cinturones de seguridad de automóviles.
b) El material de autodefensa.
c) Los aparatos de detección de riesgos.
d) Los equipos anticaídas.

18. No tienen, legalmente, la consideración de EPI:

a) Los cascos.
b) Los tapones para los oídos.
c) Los equipos de socorro y salvamento.
d) El calzado de seguridad.

19. Los equipos de protección individual (EPI):

a) Actúan sobre el origen del riesgo.
b) Eliminan los riesgos.
c) Pretenden minimizar las consecuencias del riesgo.
d) Sustituyen a las medidas de protección colectiva.

20. ¿Cuál de las siguientes medidas se debería adoptar primeramente?

a) Tratar al trabajador cuando se accidente.
b) Evitar el riesgo.
c) Controlar el riesgo en origen.
d) Utilizar un EPI.

21. La utilización de un equipo de protección individual no se justifica cuando:

a) Es imposible eliminar el riesgo.
b) Es imposible instalar una protección colectiva eficaz.
c) Se ha eliminado el riesgo.
d) Existe un riesgo residual tras haber instalado la protección colectiva.

22. Es una medida preventiva para evitar caídas a distinto nivel:

a) Utilizar, cuando sea necesario, sillas, mesas, cajas, etc., como escaleras improvisadas.
b) Revisar periódicamente el correcto estado de las escaleras.
c) Utilizar escaleras de madera pintada.
d) Rociar yeso en los peldaños de la escalera.

23. Respecto a la inclinación del tronco en la manipulación manual de cargas, es correcto afirmar que:

a) La manipulación de una carga vigilando el centro de gravedad disminuye el riesgo de lesión en la zona.
b) La postura correcta al manejar una carga es con el tronco inclinado.
c) La postura correcta al manejar una carga es con la espalda derecha.
d) La técnica de levantamiento de la carga no afecta para una correcta manipulación.

24. Unas condiciones ideales de manipulación manual de cargas incluyen:

a) Levantamientos rápidos y continuados.
b) Espalda inclinada hacia delante.
c) Manejo de la carga sin giros ni inclinaciones.
d) Sujeción del objeto con una posición de la muñeca en ángulo de 90º.

25. El riesgo de lesión será menor:

a) Cuanto más alejada esté la carga del cuerpo.
b) Cuanto más se gire el tronco.
c) Cuanto menor sea la frecuencia de la manipulación.
d) Cuanto menor sea el tiempo de descanso entre manipulaciones.

26. El color de seguridad para las señales de advertencia es:

a) El rojo.
b) El azul.
c) El verde.
d) El amarillo o amarillo anaranjado.

27. En el etiquetado de un producto de limpieza, las palabras que indican el nivel relativo de gravedad de los peligros para alertar al consumidor de la existencia de un peligro potencial, se denominan:

a) Palabras de advertencia.
b) Consejos de prudencia.
c) Pictogramas.
d) Frases R.

28. ¿Cuál de las siguientes es una palabra de advertencia asociada a las categorías menos graves, según el Reglamento CLP?

a) Cuidado.
b) Ojo.
c) Atención.
d) Prudencia.

29. La antigua indicación de peligro, O, alertaba de que la sustancia o mezcla que contenía el producto era:

a) Comburente.
b) Tóxica.
c) Explosiva.
d) Inflamable.

30. ¿De qué advierte el pictograma de la figura en una etiqueta de un producto de limpieza?

a) Sustancia inflamable.
b) Sustancia comburente.
c) Sustancia corrosiva.
d) Sustancia explosiva.

31. Al utilizar un producto químico con el siguiente pictograma, hay que recordar que se trata de una sustancia:

a) Corrosiva.
b) Dañina para el medio ambiente.
c) Tóxica.
d) Gas bajo presión.

32. Las frases de riesgo, R, de las etiquetas de los productos químicos han sido sustituidos en el nuevo Reglamento CLP por:

a) Las frases H, indicaciones de peligro.
b) Los consejos de prudencia, P.
c) Las palabras de advertencia.
d) Los pictogramas.

33. Los nuevos consejos de prudencia en las etiquetas de los productos, equivalen a las anteriores:

a) Indicaciones de peligro.
b) Frases S.
c) Frases R.
d) Palabras de peligro.

34. Los líquidos inflamables son aquellos cuyo punto de inflamación no supera:

a) 60 ºC.
b) 80 ºC.
c) 93 ºC.
d) 110 ºC.

35. ¿Cómo se llaman las sustancias que en contacto con otras producen una reacción exotérmica?

a) Pirofóricas.
b) Explosivas.
c) Comburentes.
d) Corrosivas.

36. Las sustancias o mezclas líquidas o sólidas que, aun en pequeñas cantidades, pueden inflamarse al cabo de 5 minutos de entrar en contacto con el aire, se llaman:

a) Sustancias pirofóricas.
b) Comburentes.
c) Sustancias autorreactivas.
d) Sustancias explosivas.

37. Las frases EUH en la etiqueta de un producto contienen:

a) Indicaciones de peligro para la salud humana.
b) Consejos de prudencia.
c) Frases de advertencia.
d) Información suplementaria sobre los peligros.

38. Ante la declaración de un conato de incendio, ¿cómo debe proceder el operario?

a) Comunicarlo directamente al Jefe superior.
b) Intentará apagarlo y si no es posible, comunicarlo directamente al Jefe Superior.
c) Intentará apagarlo y si no es posible, comunicarlo directamente a los Bomberos.
d) Ninguna de las anteriores respuestas es correcta.

39. Si descubre un conato de incendio, el trabajador debe:

a) Abrir puertas y ventanas.
b) Avisar al resto de los trabajadores.
c) Ponerse al mando de la operación de evacuación.
d) Accionar la alarma a través de los medios dispuestos al efecto.

40. ¿Qué efecto producen en la piel los productos de limpieza por su poder emulsionante?

a) Desengrasar la piel.
b) Reacción de hipersensibilidad del sistema inmune.
c) Neutralización del pH ácido.
d) Alterar la capacidad de hidratación de la piel.

41. Una medida preventiva correcta en el área de cocina es:

a) Mantener los mangos de las cazuelas, sartenes, etc., hacia afuera de la superficie de trabajo.
b) Evitar el uso de empujadores en los equipos de corte.
c) Limpiar de forma indiscriminada equipos eléctricos, piezas engrasadas, etc., con manguera.
d) Si se incendia el recipiente con aceite, taparlo y no apagarlo con agua.

42. Los residuos sanitarios asimilables a urbanos se recogen en bolsas de color:

a) Negro.
b) Verde.
c) Amarillo.
d) Rojo.

43. ¿Cuál de los siguientes residuos forma parte del Grupo II?

a) Restos de curas.
b) Bolsas llenas de orina.
c) Restos de comidas generados en plantas de hospitalización.
d) Agujas y material punzante.

44. Según el Plan Nacional de Residuos Urbanos, para el papel y cartón se utilizará el contenedor de color:

a) Gris.
b) Azul.
c) Verde.
d) Amarillo.

45. Se define como un proceso dinámico, biológico, aerobio y en consecuencia termófilo que para que se lleve a cabo necesita materia orgánica biodegradable, población microbiana inicial que permitirá el desarrollo del proceso y condiciones óptimas del mismo:

a) La incineración.
b) El reciclado.
c) La biometanización.
d) El compostaje.

Solución al test n.º 3

1. d) Los delegados de prevención.

2. a) La posibilidad de que un trabajador sufra un determinado daño derivado del trabajo.

3. c) Conjunto de actividades o medidas adoptadas o previstas en todas las fases de actividad de la empresa con el fin de evitar o disminuir los riesgos derivados del trabajo.

4. d) Ley 31/1995, de 8 de noviembre.

5. b) Evaluar los riesgos que se puedan evitar.

6. d) El delegado de personal.

7. d) El Comité de Seguridad y Salud.

8. b) Es un proceso dirigido a estimar la magnitud de los riesgos que no hayan podido evitarse.

9. c) Las enfermedades, patologías o lesiones sufridas con motivo u ocasión del trabajo.

10. c) Cuando los riesgos no se puedan evitar o no puedan limitarse.

11. b) Sí.

12. b) Priorizar medidas individuales a las colectivas.

13. b) Es un accidente.

14. b) Butilo.

15. c) Pantallas de protección.

16. a) Calzado de seguridad.

17. d) Los equipos anticaídas.

18. c) Los equipos de socorro y salvamento.

19. c) Pretenden minimizar las consecuencias del riesgo.

20. b) Evitar el riesgo.

21. c) Se ha eliminado el riesgo.

22. b) Revisar periódicamente el correcto estado de las escaleras.

23. c) La postura correcta al manejar una carga es con la espalda derecha.

24. c) Manejo de la carga sin giros ni inclinaciones.

25. c) Cuanto menor sea la frecuencia de la manipulación.

26. d) El amarillo o amarillo anaranjado.

27. a) Palabras de advertencia.

28. c) Atención.

29. a) Comburente.

30. d) Sustancia explosiva.

31. a) Corrosiva.

32. a) Las frases H, indicaciones de peligro.

33. b) Frases S.

34. a) 60 ºC.

35. c) Comburentes.

36. a) Sustancias pirofóricas.

37. d) Información suplementaria sobre los peligros.

38. b) Intentará apagarlo y si no es posible, comunicarlo directamente al Jefe Superior.

39. d) Accionar la alarma a través de los medios dispuestos al efecto.

40. a) Desengrasar la piel.

41. d) Si se incendia el recipiente con aceite, taparlo y no apagarlo con agua.

42. a) Negro.

43. a) Restos de curas.

44. b) Azul.

45. d) El compostaje.

Alimentación. Los alimentos. La dieta hospitalaria. Dieta basal y dieta terapéutica. Tipos de dietas terapéuticas: de textura y consistencia modificada, de restricción de nutrientes y especiales. Alergias e Intolerancias alimentarias recogida en el Reglamento 1169/2011 sobre la información alimentaria facilitada al consumidor: diferencia entre alergia e intolerancia alimentaria. Tipos de alérgenos, presencia de los mismos en los diferentes tipos de alimentos

1. De los siguientes productos, ¿cuáles no son derivados de la leche?

a) Nata y mantequilla.
b) Queso y requesón.
c) Sueros lácteos.
d) Cafeína.

2. Un huevo que ha sido incubado se dice que es un huevo:

a) Fresco.
b) Defectuoso.
c) Averiado.
d) Podrido.

3. ¿Qué tipo de alimento son las habas?

a) Frutos.
b) Legumbres.
c) Bulbos.
d) Frutas.

4. ¿Cómo se denomina el tocino entreverado que ha sido sometido a operaciones de ahumado, salazón o adobo?

a) Panceta.
b) Bacón.

c) Papada.
d) Lomo.

5. ¿Qué tipo de aditivo es el E-122 carmoisina?

a) Potenciador del sabor.
b) Conservante.
c) Colorante.
d) Espesante.

6. ¿Cómo se denomina la leche modificada por acción microbiana?

a) Leche enriquecida.
b) Leche desnatada.
c) Leche fermentada.
d) Leche adicionada de aromas.

7. ¿Qué es la caseína?

a) Líquido formado por parte de los componentes de la leche.
b) Es el principal componente proteico de la leche.
c) Producto obtenido precipitando las proteínas en medio ácido, por el calor.
d) Ninguna es correcta.

8. ¿Cómo se denomina al pollo castrado y bien cebado?

a) Gallina.
b) Pichón.
c) Capón.
d) Lechón.

9. Si un huevo tiene la clara de color verdoso, ¿qué le ocurre?

a) Se desechará.
b) Está defectuoso.
c) Es un huevo de oca.
d) Está en perfectas condiciones.

10. ¿Cuáles de las siguientes hortalizas son bulbos?

a) Berenjena, guindilla, pimiento.
b) Ajo, cebolla y puerro.
c) Ajo, guisante y lombarda.
d) Berenjena, cebolleta y berro.

11. Según el Código Alimentario Español, ¿en qué grupo de alimentos se incluye al tomate?

a) Verduras.
b) Hortalizas.
c) Frutas carnosas.
d) Frutos oleaginosos.

12. ¿Cuál de los siguientes es un encurtido?

a) Carne de lomo macerada y ahumada.
b) Anchoas saldas.
c) Coliflor y zanahoria curadas en salmuera, y conservadas en vinagre y sal.
d) Beicon.

13. Según el Código Alimentario Español, ¿cómo se clasifican el tirabeque?

a) Legumbre verde.
b) Legumbre seca.
c) Tallo.
d) Fruto.

14. ¿Cuál de los siguientes alimentos es un embutido de carne?

a) Chorizo.
b) Salchicha.
c) Salchichón.
d) Todas son correctas.

15. ¿Cuál de los siguientes alimentos se considera un derivado de la carne?

a) Babilla.
b) Tapa.
c) Tocino.
d) Patas.

16. La doble nata contiene:

a) Un 18 % en peso de grasa.
b) Un 50 % en peso de grasa.
c) Un 30 % en peso de grasa.
d) Un mínimo de un 70 % en peso de grasa.

17. ¿Cuál de los siguientes pertenece a la espacie de Bóvido?

a) Novillo.
b) Buey.

c) Ternera.
d) Todos los anteriores.

18. La manteca en rama o en pella:

a) Es el producto obtenido por fusión de las grasas de depósito del ganado vacuno sacrificado en perfectas condiciones sanitarias.

b) Es la grasa que recubre los riñones del cerdo, mesenterios y epiplones, extraída directamente del animal.

c) Es la grasa obtenida calentando las grasas del cerdo a una temperatura máxima de 80 grados centígrados y depositados luego en moldes de los que toma su forma al enfriarse.

d) Es la grasa procedente de trozos de grasa recogida en el despiece y recortes, sometidos a la acción directa del vapor de agua.

19. ¿Qué son los alimentos de primera gama?

a) Alimentos crudos.
b) Alimentos conservados.
c) Productos congelados no cocinados.
d) Productos limpios precocinados y envasados.

20. ¿Qué son los alimentos se cuarta gama?

a) Alimentos conservados.
b) Productos congelados no cocinados.
c) Productos limpios y envasados.
d) Productos crudos.

21. ¿Cuál de los siguientes tipos de pescados es el más rico en grasa?

a) Blanco.
b) Ahumado.
c) Azul.
d) Crudo.

22. ¿Cuál de las siguientes características indican que un pescado blanco es fresco?

a) Branquias de color vivo, sin mucosidad.
b) Ojos convexos y opacos.
c) Carne de consistencia blanda.
d) Todas las respuestas son correctas.

23. ¿De dónde se obtiene el azúcar?

a) De la remolacha.
b) De la caña.

c) De la fruta.
d) Las respuestas a) y b) son correctas.

24. ¿Qué es el altramuz?

a) Un cereal.
b) Una legumbre
c) Una hortaliza.
d) Un animal.

25. ¿Qué aceite tiene una acidez libre máxima, en ácido oleico, de 2 g por 100 g?

a) Aceite de oliva extra.
b) Aceite de oliva virgen.
c) Aceite de oliva lampante.
d) Ninguno.

26. ¿De qué parte se obtiene el aceite de soja?

a) De la flor.
b) De la raíz.
c) De la semilla.
d) Del tallo.

27. ¿Cómo se denomina al cerdo macho dedicado a la reproducción?

a) Verraco.
b) Tostón.
c) Lechal
d) Ibérico.

28. Está en el grupo de los alimentos plásticos:

a) La leche y sus derivados.
b) Huevos.
c) Carne y pescado.
d) Todos.

29. ¿Qué enfermedad puede ser causada por insuficiencia de vitamina D?

a) Caries.
b) Enfermedades cardiovasculares.
c) Raquitismo.
d) Escorbuto.

30. ¿En cuál de estas dietas está reducido el uso de sal?

a) Hipocalórica.
b) Hiposódica.
c) Hipoproteica.
d) Progresiva.

31. ¿Qué es una hipersensibilidad a los alimentos?

a) La reacción adversa por sustancias no tóxicas que depende de la susceptibilidad de cada persona a un alimento.
b) Una reacción adversa generalizada por el consumo de alimentos.
c) Respuesta al consumo de venenos.
d) Ninguna respuesta es correcta.

32. ¿Cuál no es una reacción adversa a los alimentos no tóxica?

a) Alergia.
b) Intolerancia.
c) Toxiinfección.
d) Todas las respuestas son correctas.

33. ¿Cómo se denominan las proteínas que provocan una respuesta inmunitaria que se da en al menos un 50 % de los pacientes sensibles?

a) Alérgenos mayores.
b) Alérgenos menores.
c) Alergias.
d) Antígenos.

34. ¿En qué caso se origina una alergia alimentaria?

a) Cuando el alérgeno presente en el alimento desencadena una reacción inmunitaria en el organismo.
b) Cuando el alérgeno presente en el alimento desencadena una reacción no inmunitaria en el organismo.
c) Cuando el alérgeno alimentario no provoca ninguna reacción.
d) Ninguna respuesta es correcta.

35. ¿Qué es la reactividad cruzada?

a) Implica la aparición de síntomas sin que haya existido contacto previo con el alérgeno específico.
b) ocurre cuando una persona toma un alimento que contiene alérgenos de gran similitud a otro al que ha estado expuesto.

c) Ocurre al ingerir otro alimento diferente pero con un alérgeno similar.
d) Todas las respuestas son correctas.

36. ¿Qué proteínas son alérgenos de la leche?

a) Lactoalbúmina.
b) Seroalbúmina.
c) Caseína.
d) Todas las respuestas son correctas.

37. ¿Qué parte del huevo es más alérgeno?

a) Clara.
b) Yema.
c) Cáscara.
d) Todas las partes por igual.

38. ¿Qué alérgeno no está presente en el pescado?

a) Anisakis.
b) Proteína del pescado.
c) Proteína ovomucoide.
d) Proteína del músculo del pescado.

39. ¿Cuál de estas especies puede estar infestada por anisakis?

a) Pescadilla.
b) Bacalao.
c) Pulpo.
d) Cualquiera de las anteriores.

40. ¿Diga qué es falso sobre el marisco?

a) Son frecuentes las reacciones alérgicas a los mariscos.
b) Los alérgenos son diversas proteínas específicas de cada marisco.
c) Los alérgenos del marisco se transfieren al agua de cocción.
d) No se da reactividad cruzada.

41. Indica la respuesta correcta sobre la soja:

a) La respuesta alérgica no se produce por vía inhalatoria.
b) Se han descrito reacciones cruzadas con los cacahuetes.
c) Algunos de los alimentos en los que puede estar presente son la comida asiática y la harina de trigo.
d) Se han descrito reacciones cruzadas con las verduras.

42. ¿Qué enfermedad es el "asma del panadero"?

a) Alergia alimentaria al pescado.
b) Reacción adversa al gluten.
c) Alergia alimentaria por cereales.
d) Enfermedad autoinmune.

43. ¿Cuáles son síntomas frecuentes de la alergia?

a) Urticaria.
b) Nauseas.
c) Tos irritativa.
d) Todas las respuestas son correctas.

44. ¿Qué mecanismos pueden producir una intolerancia alimentaria?

a) Enzimáticos.
b) Farmacológicos.
c) Sustancias presentes en el alimento que resultan perjudiciales.
d) Todos los anteriores.

45. ¿Qué es la enfermedad celíaca?

a) Intolerancia al gluten.
b) Intolerancia a las proteínas en general.
c) Enfermedad autoinmune.
d) Ninguna respuesta es correcta.

46. ¿Cuántos alérgenos especifica la Unión Europea?

a) 12.
b) 13.
c) 14.
d) 15.

Solución al test n.º 4

1. d) Cafeína.

2. c) Averiado.

3. b) Legumbres.

4. b) Bacón.

5. c) Colorante.

6. c) Leche fermentada.

7. b) Es el principal componente proteico de la leche.

8. c) Capón.

9. a) Se desechará.

10. b) Ajo, cebolla y puerro.

11. c) Frutas carnosas.

12. c) Coliflor y zanahoria curadas en salmuera, y conservadas en vinagre y sal.

13. a) Legumbre verde.

14. d) Todas son correctas.

15. c) Tocino.

16. b) Un 50 % en peso de grasa.

17. d) Todos los anteriores.

18. b) Es la grasa que recubre los riñones del cerdo, mesenterios y epiplones, extraída directamente del animal.

19. a) Alimentos crudos.

20. c) Productos limpios y envasados.

21. c) Azul.

22. a) Branquias de color vivo, sin mucosidad.

23. d) Las respuestas a) y b) son correctas.

24. b) Una legumbre.

25. b) Aceite de oliva virgen.

26. c) De la semilla.

27. a) Verraco.

28. d) Todos.

29. c) Raquitismo.

30. b) Hiposódica.

31. a) La reacción adversa por sustancias no tóxicas que depende de la susceptibilidad de cada persona a un alimento.

32. c) Toxiinfección.

33. a) Alérgenos mayores.

34. a) Cuando el alérgeno presente en el alimento desencadena una reacción inmunitaria en el organismo.

35. d) Todas las respuestas son correctas.

36. d) Todas las respuestas son correctas.

37. a) Clara.

38. c) Proteína ovomucoide.

39. d) Cualquiera de las anteriores.

40. d) No se da reactividad cruzada.

41. b) Se han descrito reacciones cruzadas con los cacahuetes.

42. c) Alergia alimentaria por cereales.

43. d) Todas las respuestas son correctas.

44. d) Todos los anteriores.

45. a) Intolerancia al gluten.

46. c) 14.

TEST N.º 5

Alimentación. Reglamento técnico sanitario de comedores colectivos. Sistema de Análisis de Peligros y Puntos de Control Críticos (APPCC). Infecciones y toxiinfecciones alimentarias: transmisión, eliminación y prevención de las mismas

1. ¿Cuál es el objeto del Real Decreto 1021/2022, de 13 de diciembre?

a) Establecer los requisitos en materia de higiene de la producción, elaboración, transporte, almacenamiento y comercialización de los productos alimenticios en establecimientos de comercio al por menor.
b) Establecer los requisitos en materia de higiene de la producción, elaboración, transporte, almacenamiento y comercialización de los productos alimenticios en establecimientos de comercio al por mayor.
c) Flexibilizar los requisitos relativos a los establecimientos de comercio al por menor que regula el Reglamento 3484/2000, de 29 de diciembre.
d) Dar rigidez a los requisitos establecidos en el Reglamento 852/2004.

2. ¿Cómo se define "colectividad" en el Real Decreto 1021/2022, de 13 de diciembre?

a) Conjunto de personas consumidoras con unas características similares que demandan un servicio de comidas preparadas.
b) Establecimiento que da servicio de comidas a un conjunto de personas consumidoras con unas características similares que demandan un servicio de comidas preparadas.
c) Empresa que realiza la venta al por mayor de comidas preparadas.
d) Todas las respuestas son correctas.

3. Cuando un producto elaborado en el propio establecimiento se congela, ¿qué fecha se indicará en el envase?

a) Elaboración o transformación.
b) Congelación.
c) Caducidad o consumo preferente.
d) Todas las respuestas son correctas.

4. ¿Los alimentos congelados se pueden poner a la venta tras descongelar?

a) Sí, indicando la denominación del alimento y la palabra "descongelado".
b) Sí, no será necesario indicarlo.
c) No, nunca.
d) Sólo en el caso del pescado, y siempre que se informe al comprador.

5. ¿Cuál es el Reglamento de la Unión Europea relativo a la higiene de los productos alimenticios?

a) Reglamento (CE) n.º 2073/2005.
b) Reglamento (CE) n.º 853/2004.
c) Reglamento (CE) n.º 852/2004.
d) Reglamento (UE) 2017/625.

6. ¿Cuál de los siguientes no es un objetivo del Real Decreto 1086/2020, de 9 de diciembre, que recoge los requisitos para los establecimientos de comidas preparadas?

a) Fomentar el consumo de alimentos de otros países.
b) Promover la alimentación saludable.
c) Prevenir la obesidad.
d) Fomentar la actividad física.

7. ¿Cuál de los siguientes no es un establecimiento de comercio al por menor según recoge el Real Decreto 1086/2020, del 09 de diciembre?

a) Un local ambulante.
b) Un centro escolar donde se celebra ocasionalmente una fiesta infantil.
c) Un restaurante que da servicio a domicilio.
d) Todas las respuestas son correctas.

8. ¿Según el Real Decreto 1021/2022, de 13 de diciembre, a qué temperatura interna se mantendrá la carne de ungulados domésticos?

a) Igual o inferior a 3 °C.
b) Igual o inferior a 4 °C.
c) Igual o inferior a 7 °C.
d) Igual o inferior a 10 °C.

9. Según el artículo 30 del Real Decreto 1086/2020, de 9 de diciembre, una comida preparada que se va a refrigerar por un periodo inferior a 24 h, ¿a qué temperatura se debe conservar?

a) 4 ºC.
b) 8 ºC.

c) 63 ºC.
d) -18 ºC.

10. ¿En qué caso es aplicable el Reglamento 178/2002, de 28 de enero?

a) A la producción primaria para uso privado.
b) A todas las etapas de la producción.
c) A todas las etapas de la producción para consumo propio.
d) Las respuestas b) y c) son correctas.

11. ¿Cuál de estas prácticas es obligatoria para facilitar la trazabilidad de un alimento?

a) La esterilización del producto.
b) La correcta alimentación del ganado.
c) El etiquetado e identificación del producto.
d) El correcto almacenamiento.

12. Los contenedores utilizados para transporte de productos alimenticios, ¿podrán transportar algo que no sean productos alimenticios?

a) No, nunca.
b) Sí, siempre que exista una separación efectiva de los productos para evitar contaminación.
c) Sí, no tienen por qué ser exclusivos para productos alimenticios.
d) Cada producto debe ir obligatoriamente en un contenedor, aunque podrá ser transportado en el mismo vehículo.

13. ¿Qué dice el Reglamento 852/2004 sobre los contenedores de desperdicios de productos alimenticios?

a) Estarán provistos de cierre y se mantendrán limpios.
b) Tendrán una capacidad de 10 metros cúbicos.
c) Serán de color negro.
d) Todas las respuestas son correctas.

14. ¿Qué afirmación es correcta sobre los envases de productos alimenticios?

a) Serán siempre no reutilizables.
b) Serán reutilizables y de material permeable.
c) Se almacenarán de manera que se garantice su integridad.
d) Todas las respuestas son correctas.

15. El sistema de APPCC tiene como objetivo:

a) Establecer un plan de emergencia para el caso de incendio.
b) Identificar, valorar y controlar los peligros sanitarios e higiénicos asociados al conjunto y a cada una de las fases de la cadena alimentaria.

c) Analizar las pautas de comportamiento de los trabajadores.
d) Ninguna de las anteriores respuestas es la correcta.

16. ¿Qué tipo de alimento es el arroz?

a) Perecedero.
b) Semiperecedero.
c) No perecedero.
d) Inestable.

17. ¿A qué temperatura mueren la mayoría de los microorganismos?

a) A -18 ºC.
b) A 50 ºC.
c) A 65 ºC.
d) A 100 ºC.

18. ¿Cuáles de los siguientes microorganismos son parásitos?

a) Salmonella, Clostridium y Vibrio.
b) Hepatitis, Norwalk y Virus de la encelopatía espongiforme bovina.
c) Triquina, Anisakis y protozoos.
d) Todas las respuestas son correctas.

19. ¿Cuál de las siguientes bacterias se puede encontrar en las ostras?

a) Yersinia.
b) *Campylobacter.*
c) *Bacillus.*
d) Estafilococo.

20. ¿Cuál de las siguientes bacterias se puede encontrar en la harina?

a) Yersinia.
b) *Campylobacter.*
c) *Bacillus.*
d) Estafilococo.

21. ¿Qué síntomas se producen en la brucelosis?

a) Fiebre, dolor de cabeza y pérdida de apetito.
b) Fiebre, dolor muscular y parálisis facial.
c) Diarreas hemorrágicas.
d) Ninguno de los anteriores.

22. ¿De dónde proceden las micotoxinas?

a) Alimentos.
b) Hongos.
c) Agua.
d) Vías respiratorias altas.

23. ¿Qué problemas causa el virus Norwalk?

a) Hemorragia.
b) Parálisis.
c) Gastroenteritis.
d) Muerte.

24. ¿Qué enfermedad es la encefalopatía espongiforme bovina?

a) Enfermedad de las vacas locas.
b) Hepatitis A.
c) Cólera.
d) Ninguna de las anteriores.

25. ¿Qué alimento puede portar el parásito causante de la triquinosis?

a) Fruta.
b) Pescado.
c) Carne.
d) Verdura.

26. ¿Qué es el Anisakis?

a) Un virus.
b) Un parásito.
c) Una bacteria.
d) Un hongo.

27. ¿Cómo se denomina la aparición en dos o más personas en un mismo lugar, de una enfermedad debida a una infección?

a) Toxiinfección.
b) Brote epidemiológico.
c) Pandemia.
d) Zoonosis.

28. ¿En qué consiste la vigilancia epidemiológica?

a) En hacer control de calidad.
b) Es un plan de prevención de riesgos alimentarios.
c) En realizar estudios de los brotes para determinar la causa y proponer medidas.
d) Es una red de control del comercio de productos alimenticios.

29. ¿Para qué sirve el análisis cuando aparece un brote de toxiinfección alimentaria?

a) Para prevenir.
b) Para detectar rápidamente la causa.
c) Para eliminar la contaminación.
d) Para nada.

30. ¿Qué cantidad mínima se ha de recoger en la muestra de las comidas testigo?

a) Una ración individual de como mínimo de 100 g.
b) Dos raciones de 50 g cada una.
c) Una ración individual de como mínimo de 250 g.
d) Todas son correctas.

Solución al test n.º 5

1. a) Establecer los requisitos en materia de higiene de la producción, elaboración, transporte, almacenamiento y comercialización de los productos alimenticios en establecimientos de comercio al por menor.

2. a) Conjunto de personas consumidoras con unas características similares que demandan un servicio de comidas preparadas.

3. d) Todas las respuestas son correctas.

4. a) Sí, indicando la denominación del alimento y la palabra "descongelado".

5. c) Reglamento (CE) n.º 852/2004.

6. a) Fomentar el consumo de alimentos de otros países.

7. b) Un centro escolar donde se celebra ocasionalmente una fiesta infantil.

8. c) Igual o inferior a 7 °C.

9. b) 8 ºC.

10. b) A todas las etapas de la producción.

11. c) El etiquetado e identificación del producto.

12. b) Sí, siempre que exista una separación efectiva de los productos para evitar contaminación.

13. a) Estarán provistos de cierre y se mantendrán limpios.

14. c) Se almacenarán de manera que se garantice su integridad.

15. b) Identificar, valorar y controlar los peligros sanitarios e higiénicos asociados al conjunto y a cada una de las fases de la cadena alimentaria.

16. c) No perecedero.

17. d) A 100 ºC.

18. c) Triquina, Anisakis y protozoo.

19. a) Yersinia.

20. c) Bacillus.

21. a) Fiebre, dolor de cabeza y pérdida de apetito.

22. b) Hongos.

23. c) Gastroenteritis.

24. a) Enfermedad de las vacas locas.

25. c) Carne.

26. b) Un parásito.

27. b) Brote epidemiológico.

28. c) En realizar estudios de los brotes para determinar la causa y proponer medidas.

29. b) Para detectar rápidamente la causa.

30. a) Una ración individual de como mínimo de 100 g.

TEST N.º 6

**Alimentación. La cocina hospitalaria centralizada.
Organización de cocina: preparación, emplatado y distribución.
El concepto de marcha adelante**

1. ¿Qué significa el concepto de marcha adelante?

a) Que no se deben cruzar las vías "sucias" y "limpias".
b) Que los alimentos no deben volver atrás en el proceso.
c) Que la distribución de la cocina debe estar determinada por el proceso.
d) Todas las respuestas son correctas.

2. Según el principio de marcha adelante, ¿cuál de las siguientes respuestas es correcta?

a) El proceso de emplatado irá en una sola dirección y no retrocederá en ningún momento.
b) La zona de lavado estará situada junto a la zona de preparación, para evitar que los platos sucios recorran largas distancias.
c) Los cubos de basura estarán al final de la zona de emplatado por si sobra algo, ya que los alimentos avanzarán desde las zonas sucias a las zonas limpias.
d) Todas las respuestas son correctas.

3. Las aberturas y ventanas o huecos practicables para la ventilación de los locales de cocina deberán estar dotados de:

a) Sistema de clausura para impedir su manipulación.
b) Cristales opacos para evitar que la luz natural estropee los alimentos.
c) Rejillas de malla adecuadas para evitar el paso de insectos.
d) Rejas homologadas por la ley de prevención de riesgos laborales.

4. En los locales de cocina, las uniones de paramentos verticales y horizontales:

a) Deberán ser redondeados.
b) Deberán estar recubiertos con perfiles metálicos.
c) Deberán estar recubiertos con perfiles de PVC.
d) Se pintarán al menos dos veces al año.

5. Una de las características que deberá tener el suelo de una cocina colectiva es:

a) Deberá estar provisto de desagües con los dispositivos adecuados (sifones, rejillas, etc.).
b) Estará totalmente nivelado y desprovisto de sumideros para evitar los malos olores y el acceso de roedores o insectos.
c) Estará construido con materiales absorbentes que empapen cualquier derrame de líquidos.
d) Estará construido con material deslizante para facilitar su limpieza.

6. ¿Qué características cumplirán las áreas para la higiene de personal de la cocina?

a) Los vestuarios de personal se situaran en dependencias anexas a los locales donde se manipulen alimentos.
b) Los servicios higiénicos no tendrán acceso directo a la zona de manipulación.
c) Habrá lavamanos suficientes, con sistema de accionamiento por pedal preferentemente, para facilitar el lavado higiénico de manos.
d) Todas las respuestas son correctas.

7. ¿Qué son las partidas?

a) Secciones de cocina donde se realizan distintas tareas.
b) Equipos específicos para tareas de pastelería o salsero.
c) Grupos de personas que elaboran un plato concreto.
d) Sistema de producción en cocina.

8. ¿Cuál de estas tareas corresponde a la partida de cuarto frío?

a) Producción de pan.
b) Preparación de guarniciones.
c) Limpieza y fraccionamiento de pescados.
d) Todas las respuestas son correctas.

9. En una distribución lineal, ¿dónde se ubica la sección de emplatado?

a) Inmediatamente tras la sección de preparación.
b) Tras la sección de elaboración.
c) Antes de la sección de recepción.
d) Tras la sección de preparación.

10. ¿Qué criterio se tendrá en cuenta a la hora de colocar las máquinas y utensilios de cocina?

a) Que ocupen el menor espacio posible.
b) Que permitan el acceso para su limpieza.

c) Que queden en el centro de la cocina.

d) Todas las respuestas son correctas.

11. ¿Cómo se distribuye el circuito de los alimentos?

a) El acondicionamiento de la materia prima constituye un circuito sucio que no debe tener cruces con el circuito limpio.

b) Los alimentos elaborados y su distribución constituyen un circuito sucio y no debe cruzarse con la materia prima.

c) El alimento en todas sus fases se considera en circuito limpio por el riesgo de contaminación.

d) Ninguna respuesta es correcta.

12. ¿Qué recorrido tendrá el circuito de residuos?

a) Desde la zona de evacuación hasta el vertedero.

b) Desde la zona de generación hasta la zona de evacuación.

c) Tendrá un recorrido de ida (circuito sucio) y otro de vuelta (circuito limpio).

d) Para los residuos no se definirán circuitos.

13. ¿Cómo se realiza la explotación de una cocina centralizada?

a) La comida se elabora en las instalaciones propias de una empresa privada, y es transportada al hospital, donde la distribuye el personal del centro.

b) Los procesos de producción de comida, conservación, emplatado y distribución se llevan a cabo en las instalaciones de cocina del hospital.

c) La elaboración de la comida la realiza personal del propio Centro junto con personal de la empresa externa contratada. A esta última le corresponde además la provisión de materia prima.

d) Todas las opciones anteriores corresponden a un sistema de autogestión.

14. ¿En qué partida es frecuente que no se disponga de cocina para la elaboración de algunos platos, que posteriormente se sirvan fríos, aunque luego vuelvan a la misma después de pasar por otra?

a) Partida de Salsero.

b) Partida de cuarto frío.

c) Partida de Entremetier o entremesero.

d) Partida de Pastelero.

15. ¿Dónde existirán rustideras como dotación de partida de Unidad de Cocina?

a) Partida de Salsero.

b) Partida de cuarto frío.

c) Partida de Entremetier o entremesero.
d) Son ciertas las respuestas a) y c).

16. ¿Cómo se denomina la distribución según estén las secciones de la cocina hospitalaria cuando la entrada de la materia prima y la salida de los platos elaborados se disponen en lugares opuestos, el avance es en un sentido, pero en algún punto se produce un ángulo para aprovechar el espacio?

a) Lineal.
b) Cíclica.
c) En L.
d) En U.

17. ¿A qué principio atenderá la manera en la que se debe hacer la distribución de equipos en la cocina hospitalaria?

a) Se basará en el principio de marcha adelante.
b) Se basará en el principio de separación de zonas de trabajo.
c) Se basará en el principio de conexión entre las distintas fases del proceso.
d) Se atenderá atendiendo a todos los anteriores principios.

18. ¿Cómo se denomina el fraccionado de los trozos o filetes de carne en porciones de tamaño reducido, mediante máquina o instrumentos cortantes adecuados?

a) Troceado.
b) Fileteado.
c) Picado.
d) Oreo.

19. Si al pelar una hortaliza se ennegrece, ¿qué debemos hacer?

a) Meterla en agua con unas gotas de limón.
b) Restregarla con sal.
c) Limpiarla con unas gotas de lejía.
d) Envolverla en papel de aluminio durante 10 minutos.

20. Es aconsejable lavar las hortalizas que se consumen crudas:

a) Con agua salada.
b) Con agua y unas gotas de lejía.
c) Solamente con agua.
d) Con agua a la que se le añaden unas gotas de limón.

21. En la preparación básica de:

a) Los tomates, se deberá quitar la piel en todos los casos.

b) Las alcachofas, una vez eliminadas las hojas exteriores, se meterán en agua con lejía para evitar su ennegrecimiento.

c) La remolacha roja, se lavará primero sin cortar las ramas o tallos con los que vienen.

d) Las acelgas, solo se utilizarán las hojas, desprendiéndoles los tallos, por no tener ningún valor nutritivo.

22. En cuanto a la judía verde:

a) Solo se aprovecha la vaina.

b) Se limpiará eliminando los filamentos que unen ambas caras de la vaina.

c) La corola leñosa que le sirve para sujetarse a la mata puede usarse como condimento.

d) Una vez pelada se limpiará con agua y abundante sal.

23. Los ajos:

a) Son usados para la elaboración de encurtidos, con sales y aceites.

b) Son bulbos, semillas que crecen sobre tierra, necesitando gran cantidad de agua para su crecimiento.

c) A los dientes se les deberá quitar siempre la película que los protege pues esta es muy dañina.

d) Todas son incorrectas.

24. ¿A qué es debido el ennegrecimiento que presentan algunas hortalizas cuando se les quita la piel protectora?

a) Al alto contenido en agua.

b) A los productos fertilizantes con los que son tratados.

c) A las bacterias y enzimas.

d) A la oxidación.

25. ¿Cuál de los siguientes sistemas es correcto para el pelado de verduras?

a) Con cuchillo o con máquina peladora.

b) Por escaldado.

c) Por asado.

d) Todas las respuestas son correctas.

26. ¿Qué son alcauciles?

a) Judías.

b) Alcachofas.

c) Guisantes.
d) Habas.

27. ¿Cómo se cortan las patas de las aves?

a) A golpe de cuchillo.
b) Retorciendo manualmente.
c) Cortando alrededor de la rótula para luego tronchar.
d) Chamuscando.

28. ¿Qué corte del pescado lleva espina?

a) Lomo.
b) Medallón.
c) Suprema.
d) Ninguna respuesta es correcta.

29. ¿Dónde harías la incisión en el pescado para eviscerar?

a) En la parte inferior.
b) En la parte superior.
c) En la parte dorsal.
d) En la parte posterior.

30. El músculo alargado del ganado vacuno situado en la parte exterior de la paletilla se denomina:

a) Pez.
b) Aguja.
c) Panceta.
d) Tapilla.

31. Las aves sacrificadas y libres de pluma se denominan:

a) Desplumadas.
b) Difuntas.
c) Enteras.
d) Parciales.

32. ¿Qué procedimiento consiste en envolver el ave en tiras de tocino, para evitar que al cocinarlo el calor reseque la carne?

a) Cuarteado.
b) Albardado.
c) Bridado.
d) Despojado.

33. Indica la afirmación falsa:

a) La materia prima se retirará de las cámaras al inicio de la jornada de trabajo para que vaya tomando temperatura antes de su uso.
b) La materia prima se retirará de la cámara y se comprobarán las condiciones higiénico-sanitarias de aptitud para consumo.
c) La materia prima no deberá tener contacto con las comidas preparadas.
d) Nunca deben cortarse sobre la misma tabla, carne cruda y carne cocinada.

34. ¿Qué es recomendable hacer con el marisco antes de su consumo?

a) Cocer en agua de mar para resaltar su sabor.
b) Raspar la concha para eliminar cualquier parásito.
c) Introducir unos minutos en agua con unas gotas de lejía apta para alimentos.
d) Todas las respuestas son correctas.

35. ¿Cuál de estos alimentos tendrá mayor factor comestible?

a) Almejas.
b) Mejillones.
c) Pulpo.
d) Langosta.

36. ¿Qué afirmación es correcta sobre los huevos de categoría A?

a) No habrán sido sometidos a ningún procedimiento de conservación.
b) No habrán sido sometidos a temperatura inferior a 5ºC durante menos de 24 h.
c) Podrán tener la cáscara resquebrajada pero no completamente rota.
d) Todas las respuestas son correctas.

37. ¿En qué caso no se puede congelar un alimento?

a) Cuando se adquirió fresco.
b) Cuando ya fue descongelado previamente.
c) Cuando tras descongelarlo se sometió a cocción.
d) En ninguno de estos casos.

38. ¿Qué utilidad tienen los fondos?

a) Aderezar.
b) Ligar.
c) Elaborar rellenos.
d) Todas las anteriores.

39. ¿Qué son las farces?

a) Preparaciones básicas utilizadas para abrillantar, dar cuerpo o decorar en buffet.
b) Caldo de pescado.
c) Elaboraciones de carne o pescado mezcladas con grasa, utilizadas para rellenar géneros.
d) Ninguna respuesta es correcta.

40. Al sumergir el alimento en aceite caliente, ¿qué sistema de elaboración se está utilizando?

a) Ebullición.
b) Fritura por inmersión.
c) Fritura por contacto.
d) Escaldado.

41. ¿Qué es una fumet?

a) Un caldo de verduras.
b) Un fondo.
c) Un caldo concentrado de pescado.
d) Las respuestas b) y c) son correctas.

42. ¿Qué es un abatidor de temperatura?

a) Un sistema de enfriamiento mecánico o criogénico hace que la temperatura del alimento disminuya desde los 65 – 70 ºC que alcanza, tras la cocción, hasta un máximo de 10 ºC.
b) Sistema que utiliza aire caliente con o sin vapor a baja presión.
c) Es un carro con un sistema de regeneración integrado que posibilita el transporte de emplatados y el servicio de platos calientes y fríos.
d) Ninguna de las respuestas es correcta.

43. ¿Cómo funciona el horno de convección-vapor?

a) Por aire caliente.
b) Por aplicación de calor directo.
c) Por radiación.
d) Por aumento de presión.

44. ¿De dónde se obtiene la tapioca?

a) De la mandioca.
b) De la harina.
c) De la tapioca.
d) Del arroz.

45. ¿Qué es la tempura?

a) Es una fritura de pescados pequeños. También se denomina "fritura a la Andaluza".
b) Es una fritura rápida japonesa, en especial para los mariscos y verduras.
c) Es una guarnición compuesta de zanahorias glaseadas, tocino cortado en dados, salteado y dados de patata frita.
d) Es una ensalda compuesta de patatas cocidas en rodajas, judías verdes cocidas, tomates en rodajas, alcaparras, aceitunas y filetes de anchoas.

46. ¿La cocción al vapor con alta presión se realiza a una temperatura de hasta

a) 50º C.
b) 80º C.
c) 100º C.
d) 120º C.

47. ¿Qué tipo de fritura es el empanado?

a) Con protección.
b) Sin protección.
c) Es una fritura rápida japonesa.
d) Ninguna es correcta.

48. ¿Con qué ingredientes se elabora el puré de patatas Parmentier?

a) Con leche y mantequilla.
b) Con tomate y pimienta.
c) Con bechamel ligera.
d) Todas son correctas.

49. ¿Qué método de cocción consiste en la aplicación a un género cocinado de su mismo jugo o salsa para que con la acción del calor sobre esta se consiga un bonito color brillante?

a) Estofado.
b) Gratinado.
c) Salteado.
d) Glaseado.

50. ¿Qué característica tiene la cinta de emplatado?

a) Es móvil y de velocidad fija o regulable.
b) Tiene entre 10 y 15 metros de ancho.
c) Sirve para la distribución de las bandejas una vez montadas.
d) Las respuestas a) y c) son correctas.

51. El traslado del carro con los restos de comida forma parte de las operaciones:

a) Del circuito sucio.
b) Del circuito limpio.
c) De desinfección.
d) De higienización.

52. ¿Es necesario el uso de guantes para hacer el desbarasado de bandejas?

a) Siempre.
b) Ocasionalmente.
c) Nunca.
d) Solo cuando hayan estado en contacto con una fuente infecciosa.

53. ¿Para que utilizan los carros de regeneración?

a) Son carros utilizados para el sistema de cadena caliente.
b) Son carros utilizados para el sistema de cadena fría.
c) Son carros que solo sirven para transportar las bandejas.
d) Todas son falsas.

54. Es un inconveniente del emplatado tradicional:

a) Requiere de un equipamiento adecuado y muy específico.
b) Requieren sistemas de tecnología avanzada y técnicos especialistas.
c) Si es necesario recalentar, los alimentos pueden resecarse y sufrir alteraciones en sus cualidades organolépticas.
d) Necesita más personal para realizar el emplatado.

55. ¿Cómo se mantienen los alimentos calientes hasta su emplatado?

a) En la cinta de emplatado.
b) En baño maría.
c) Con calientaplatos.
d) En carros de regeneración.

Solución al test n.º 6

1. d) Todas las respuestas son correctas .

2. a) El proceso de emplatado irá en una sola dirección y no retrocederá en ningún momento .

3. c) Rejillas de malla adecuadas para evitar el paso de insectos .

4. a) Deberán ser redondeados .

5. a) Deberá estar provisto de desagües con los dispositivos adecuados .

6. d) Todas las respuestas son correctas .

7. a) Secciones de cocina donde se realizan distintas tareas .

8. c) Limpieza y fraccionamiento de pescados .

9. b) Tras la sección de elaboración .

10. b) Que permitan el acceso para su limpieza .

11. a) El acondicionamiento de la materia prima constituye un circuito sucio que no debe tener cruces con el circuito limpio .

12. b) Desde la zona de generación hasta la zona de evacuación .

13. b) Los procesos de producción de comida, conservación, emplatado y distribución se llevan a cabo en las instalaciones de cocina del hospital .

14. b) Cuarto frío .

15. d) Son ciertas a) y c) .

16. c) En L .

17. d) Se atenderá atendiendo a todos los anteriores principios .

18. c) Picado.

19. a) Meterla en agua con unas gotas de limón.

20. b) Con agua y unas gotas de lejía.

21. c) La remolacha roja, se lavará primero sin cortar las ramas o tallos con los que vienen.

22. b) Se limpiará eliminando los filamentos que unen ambas caras de la vaina.

23. a) Son usados para la elaboración de encurtidos, con sales y aceites.

24. d) A la oxidación.

25. d) Todas las respuestas son correctas.

26. b) Alcachofas.

27. c) Cortando alrededor de la rótula para luego tronchar.

28. d) Ninguna respuesta es correcta.

29. a) En la parte inferior.

30. a) Pez.

31. c) Enteras.

32. b) Albardado.

33. a) La materia prima se retirará de las cámaras al inicio de la jornada de trabajo para que vaya tomando temperatura antes de su uso.

34. b) Raspar la concha para eliminar cualquier parásito.

35. c) Pulpo.

36. a) No habrán sido sometidos a ningún procedimiento de conservación.

37. b) Cuando ya fue descongelado previamente.

38. d) Todas las anteriores.

39. c) Elaboraciones de carne o pescado mezcladas con grasa, utilizadas para rellenar géneros.

40. b) Fritura por inmersión.

41. d) Las respuestas b) y c) son correctas.

42. a) Un sistema de enfriamiento mecánico o criogénico hace que la temperatura del alimento disminuya desde los 65 – 70 ºC que alcanza, tras la cocción, hasta un máximo de 10 ºC.

43. a) Por aire caliente.

44. a) De la mandioca.

45. b) Es una fritura rápida japonesa, en especial para los mariscos y verduras.

46. d) 120º C.

47. a) Con protección.

48. a) Con leche y mantequilla.

49. d) Glaseado.

50. a) Es móvil y de velocidad fija o regulable.

51. a) Del circuito sucio.

52. a) Siempre.

53. b) Son carros utilizados para el sistema de cadena fría.

54. c) Si es necesario recalentar, los alimentos pueden resecarse y sufrir alteraciones en sus cualidades organolépticas.

55. b) En baño maría.

TEST N.º 7

Alimentación. Tipos de cocinas para colectividades: línea caliente, mixta, fría. Tecnología de cocina: Maquinaria de cocina. Herramientas de cocina: concepto clases y utilidades. Técnicas de tratamiento y preparación inicial de los alimentos: identificación del alimento y su aptitud o no para el consumo humano (tipos de pescado, carne, verduras, frutas...) lavado, cortes (denominación de las diferentes piezas de aprovechamiento para cada tipo de alimento y producto), descongelación. Técnicas de manipulación y conservación de alimentos

1. ¿Para qué se utiliza la marmita?

a) Para elaborar asados.
b) Para elaborar fondos.
c) Para cocciones al vacío.
d) Todas las respuestas son correctas.

2. ¿Cuál de los siguientes utensilios de cocina se utilizan para asar alimentos?

a) Marmita.
b) Cazo.
c) Rondón.
d) Rustidera.

3. La *sautese* es utilizada para:

a) Saltear, rehogar y estofar géneros.
b) Confeccionar salsas y cremas.
c) Asar grandes piezas de carne.
d) Presentar pescados.

4. ¿Qué característica debe cumplir cualquier generador de calor respecto a su ubicación?

a) Dejará espacio alrededor para la difusión de la energía que se pierda.
b) La maquinaria ha de estar debidamente aislada para evitar toda pérdida de energía.
c) Toda maquinaria irá pegada a la pared.
d) Son correctas las respuestas a) y c).

5. ¿Cómo se definen los utensilios de cocina?

a) Herramientas utilizadas para la manipulación de los alimentos.
b) Herramientas utilizada para la elaboración de platos.
c) Elementos utilizados para protegerse de los riesgos derivados del trabajo.
d) Las respuestas a) y b) son correctas.

6. ¿Qué función tiene el abatidor de temperatura?

a) Aumentar la temperatura.
b) Conservar el alimento.
c) Bajar la temperatura del alimento.
d) Cocer alimentos a presión.

7. ¿Qué son las mesas refrigeradas?

a) Son mesas de trabajo de acero inoxidable y en su parte inferior tiene instalado un sistema frigorífico.
b) Son mesas de trabajo cuya única característica es que están dentro de una cámara frigorífica.
c) Son mesas para mantener calientes las elaboraciones hasta el momento del servicio.
d) Ninguna respuesta es correcta.

8. ¿Cómo funciona la olla a presión?

a) Se acumula vapor en el interior hermético que se retiene sin salida posible.
b) El vapor sale por la válvula.
c) Funciona por transmisión de calor por ondas.
d) Las espumas salen por la válvula.

9. ¿Con qué fluido funciona el baño María?

a) Con aceite.
b) Con agua.
c) Con gel.
d) Las respuestas a) y b) son correctas.

10. ¿Cómo se mueve la cuchilla de la cortadora de fiambre?

a) Girando.
b) Descendiendo.
c) Deslizando lateralmente.
d) Son fijas, y lo que se mueve es el producto.

11. ¿Para qué se utiliza el medidor de capacidad?

a) Para pesar sólidos.
b) Para medir cantidades de líquidos.
c) Para medir cantidades de gases.
d) Para determinar los kilopondios.

12. Para aplanar una vianda mediante golpes suaves, utilizaremos:

a) La mechadora.
b) La aguja de bridar.
c) La espuela.
d) La espalmadera.

13. ¿Cuál de estos sistemas no incluye una fase de abatimiento?

a) Línea fría refrigerada.
b) *Sous-vide*.
c) Nacka.
d) Línea caliente.

14. ¿En qué consiste el sistema NACKA?

a) En envasado al vacío y tratamiento térmico posterior.
b) En envasado al vacío en frío.
c) En refrigeración al vacío.
d) Es un sistema de congelación.

15. En la limpieza de las bandejas, el primer lavado se realiza:

a) Con productos desincrustantes y poder bactericida.
b) Con elementos restauradores.
c) Con elementos anticalcáreos.
d) Con elementos oxigenados.

16. ¿Cuál de los siguientes equipos se limpian con detergente antigrasa?

a) Las marmitas y rustideras fijas.
b) Los fregaderos.

c) Los lavamanos.

d) La b) y la c) son correctas.

17. ¿Qué materiales se evitarán emplear en los equipos y los utensilios emplea-dos en la manipulación de alimentos?

a) Materiales inalterables.

b) De acero inoxidable.

c) De madera.

d) Resistentes a la corrosión y no tóxicos.

18. ¿Qué elemento en el lavavajilla se emplea para que funcione óptimamente el sistema de descalcificación del agua?

a) Detergente.

b) Abrillantador.

c) Agua caliente.

d) Sal.

19. La limpieza y desinfección de los utensilios empleados en la cocina se reali-zará como mínimo:

a) Antes y después de cada jornada.

b) Después de cada jornada.

c) Cada dos días.

d) Cada tres días.

20. ¿Cómo se define la ración neta?

a) La ración neta se entiende limpia de grasas, huesos, espinas, etc., que se sitúa entre ciento cincuenta y ciento ochenta gramos por persona, salvo algún tipo de corte especial o pieza de ración.

b) La ración neta se entiende limpia de grasa, huesos y espinas. Se sitúa en todo caso entre 250 y 500 gramos.

c) No se puede definir la ración neta porque depende del tipo de producto.

d) La ración neta se define como la pieza de tamaño pequeño que no supere los 250 gramos.

21. ¿Cómo se denomina el fraccionado de los trozos o filetes de carne en porcio-nes de tamaño reducido, mediante máquina o instrumentos cortantes adecuados?

a) Troceado.

b) Fileteado.

c) Picado.

d) Oreo.

22. Si al pelar una hortaliza se ennegrece, ¿qué debemos hacer?

a) Meterla en agua con unas gotas de limón.
b) Restregarla con sal.
c) Limpiarla con unas gotas de lejía.
d) Envolverla en papel de aluminio durante 10 minutos.

23. Es aconsejable lavar las hortalizas que se consumen crudas:

a) Con agua salada.
b) Con agua y unas gotas de lejía.
c) Solamente con agua.
d) Con agua a la que se le añaden unas gotas de limón.

24. ¿Cuál de los siguientes sistemas es correcto para el pelado de verduras?

a) Con cuchillo o con máquina peladora.
b) Por escaldado.
c) Por asado.
d) Todas las respuestas son correctas.

25. En la preparación de aves, ¿a qué llamamos "albardado"?

a) A la eliminación de las plumas.
b) A sujetar las carnes crudas de ave para mejorar su estética ante el comensal.
c) A envolver el ave en tiras de tocino, para evitar que se reseque al cocinarlo.
d) A eliminar patas, cabeza y cuello.

26. ¿En qué parte de la vaca está el morrillo?

a) En la parte inferior de la pierna.
b) Entre el pecho y el cuello.
c) En la parte exterior de la paletilla.
d) Entre el lomo y el pescuezo.

27. ¿Cómo se cortan las patas de las aves?

a) A golpe de cuchillo.
b) Retorciendo manualmente.
c) Cortando alrededor de la rótula para luego tronchar.
d) Chamuscando.

28. Durante la tarea de limpieza y preparación de las verduras, ¿dónde irán los desperdicios?

a) Se acumularán sobre la tabla de corte hasta el final de la jornada.
b) Se llevarán directamente al depósito intermedio, que será refrigerado.

c) Se retirarán enseguida de la zona de manipulación y se depositarán en un contenedor situado cerca.

d) Las respuestas a) y b) son correctas.

29. ¿Dónde harías la incisión en el pescado para eviscerar?

a) En la parte inferior.
b) En la parte superior.
c) En la parte dorsal.
d) En la parte posterior.

30. La limpieza de la materia prima se realiza para:

a) Eliminar potenciales microorganismos que pueden perjudicar la salud.
b) Eliminar impurezas procedentes de su origen, como puede ser tierra adherida.
c) Eliminar impurezas contraídas por la manipulación o/y transporte.
d) La limpieza de la materia prima se realizará por todo lo antes mencionado.

31. ¿Qué pieza del cuarto delantero del vacuno es la parte situada sobre el esternón y parte de las costillas?

a) Aleta.
b) Morcillo.
c) Aguja.
d) Llana.

32. Las aves sacrificadas y libres de pluma se denominan:

a) Desplumadas.
b) Difuntas.
c) Enteras.
d) Parciales.

33. ¿Qué procedimiento consiste en envolver el ave en tiras de tocino, para evitar que al cocinarlo el calor reseque la carne?

a) Cuarteado.
b) Albardado.
c) Bridado.
d) Despojado.

34. El corte de pescado en forma de porción sin espina, con o sin piel, obtenida por corte del lomo se denomina:

a) Trancha.
b) Suprema.

c) Poupieta.
d) Falda.

35. ¿Con qué finalidad se "bridan" aves, carnes o pescados? Para:

a) Evitar que pierdan su forma durante la cocción.
b) Evitar que el producto se pegue al fondo del rondón.
c) Facllltar su cocción.
d) Dar aroma al producto.

36. ¿Qué es la regeneración de un alimento?

a) El calentamiento para que se termine de cocinar.
b) La puesta en temperatura para su consumo.
c) Un sistema de cocción.
d) El descenso de temperatura de un alimento, de forma rápida.

37. Indica la afirmación falsa:

a) La materia prima se retirará de las cámaras al inicio de la jornada de trabajo para que vaya tomando temperatura antes de su uso.
b) La materia prima se retirará de la cámara y se comprobarán las condiciones higiéni-co-sanitarias de aptitud para consumo.
c) La materia prima no deberá tener contacto con las comidas preparadas.
d) Nunca deben cortarse sobre la misma tabla, carne cruda y carne cocinada.

38. ¿Qué consecuencia tendrá un tiempo excesivo de cocción en el pescado?

a) Merma del producto.
b) Mayor aprovechamiento.
c) Mayor calidad higiénica por eliminación de parásitos.
d) Todas las respuestas son correctas.

39. Todo manipulador de alimentos debe respetar las siguientes normas de higiene:

a) Lavado de manos con agua caliente y jabón.
b) Fumar, toser o estornudar sobre el alimento.
c) Usar mascarilla exclusivamente para la manipulación de productos que se consu-mirán en crudo.
d) Todas son correctas.

40. ¿Quién impartirá la formación a los manipuladores de alimentos?

a) La propia empresa o una entidad autorizada por la autoridad sanitaria competente.
b) La propia empresa siempre.

c) La autoridad competente.

d) Una empresa auditora.

41. ¿Cuál es la definición correcta de "Higiene Alimentaria", según la Organización Mundial de la Salud?

a) El conjunto de medidas necesarias para asegurar la salubridad de un producto.

b) El conjunto de medidas necesarias para asegurar la inocuidad de un producto.

c) El conjunto de medidas necesarias para asegurar el buen estado de los productos.

d) El conjunto de medidas necesarias para asegurar la salubridad, inocuidad y buen estado de los productos destinados a la alimentación, en todas las etapas de su preparación.

42. ¿Qué requisitos exige el Reglamento 852/2004 del Parlamento Europeo, para los locales destinados a los productos alimenticios?

a) Habrá ventilación artificial para evitar tener que hacer control de temperatura.

b) Se evitarán las corrientes de aire desde zonas contaminadas a zonas limpias.

c) Dispondrán siempre de buena iluminación natural.

d) Todas las respuestas son correctas.

43. El Reglamento 852/2004 establece las disposiciones aplicables a los productos alimenticios, ¿cuál de las siguientes es falsa?

a) Las materias primas e ingredientes se almacenarán en condiciones adecuadas, que permitan evitar su deterioro y protegerlos de la contaminación.

b) Las materias primas o productos no deberán conservarse a temperaturas que puedan dar lugar a riesgos para la salud.

c) Cuando un operador de empresa alimentaria prevea razonablemente que una materia prima pueda estar contaminada, la someterá a cocción prolongada para eliminar los microorganismos.

d) La descongelación se hará de modo que se reduzca al mínimo el riesgo de multiplicación de microorganismos patógenos o la formación de toxinas.

44. ¿Qué norma establece las infracciones en materia de seguridad alimentaria y las sanciones correspondientes?

a) El Reglamento 852/2004 del Parlamento Europeo y del Consejo, de 29 de abril, relativo a la higiene de los productos alimenticios.

b) La Ley 17/2009, de 23 de noviembre.

c) El Real Decreto 202/2000, de 11 de febrero, por el que se establecen las normas relativas a los manipuladores de alimentos.

d) La Ley 17/2011, de 5 de julio, de seguridad alimentaria y nutrición.

45. ¿Qué es un portador sano?

a) Persona que sin presentar síntomas de enfermedad, puede transmitir gérmenes a los alimentos y causar daños en otras personas.
b) Persona con alguna patología que trabaja de pinche de cocina.
c) Persona que presenta síntomas de enfermedad, puede transmitir gérmenes a los alimentos y causar daños en otras personas.
d) Persona ajena a la cocina que es portadora de bacterias.

46. ¿Se puede utilizar agua corriente para el vapor que entra en contacto con los alimentos?

a) Sí, siempre que no contenga ninguna sustancia que entrañe peligro para la salud o pueda contaminar el producto.
b) No, nunca.
c) Sólo si el agua es no potable.
d) El Reglamento 852/2004 no habla de este aspecto.

47. ¿Qué es el sistema APPCC?

a) Un instrumento para ayudar a logra niveles elevados de seguridad alimentaria.
b) Un sistema de control de personal.
c) Un método para definir los procesos de producción.
d) Una guía de buenas prácticas.

48. En las instalaciones donde se manipulan alimentos, está...

a) Prohibido fumar, comer, mascar chicle, escupir o cualquier cosa no higiénica que pueda contaminar los alimentos.
b) Prohibido fumar, pero sí se puede comer.
c) No se puede mascar chicles, pero se puede comer.
d) Está prohibido mascar chicle, pero se puede fumar.

49. ¿Cuál de las siguientes afirmaciones acerca de la congelación no es cierta?

a) Es un método de conservación que se basa en la inhibición del crecimiento bacteriano.
b) La más correcta es la congelación rápida, ya que la lenta puede deteriorar los alimentos.
c) Se trata de mantener el alimento a una temperatura superior a –18 ºC.
d) La ultracongelación equivale a congelación rápida.

50. ¿Cuál de las siguientes afirmaciones sobre la pasteurización es correcta?

a) Es un tratamiento térmico que destruye los microorganismos patógenos, es decir, aquellos que pueden perjudicar la salud del consumidor.
b) Se utiliza cuando un tratamiento de esterilización alteraría las características organolépticas del alimento.

c) Como ofrece menos garantía que la esterilización, va acompañado de otros métodos de conservación como frío o envases tipo brick.

d) Todas las afirmaciones anteriores son correctas.

51. Los boquerones en vinagre son un tipo de conserva de pescado. ¿En qué se basa?

a) En la deshidratación.

b) En la acidificación.

c) En la liofilización.

d) No están conservados.

52. ¿Qué es la salmuera?

a) Un tipo de pescado.

b) Una especia.

c) Sal disuelta en agua.

d) Un método de conservación por frío.

53. ¿Qué tipo de conservación se usa para los zumos de fruta?

a) Esterilización.

b) Deshidratación.

c) Pasteurización.

d) Congelación.

54. ¿Qué tipo de conserva es el jamón?

a) Es un producto conservado por deshidratación.

b) Es un producto conservado por refrigeración.

c) Es un producto conservado por salazón.

d) No es un producto conservado.

55. ¿Qué efecto tiene el frío sobre los alimentos?

a) Mata a los microorganismos, alargando la vida útil del alimento.

b) Solidifica el agua, impidiendo que esté disponible para los microorganismos.

c) Acidifica el medio, modificando su sabor.

d) Las respuestas a y b son correctas.

56. ¿Para cuál de los siguientes productos se utiliza la pasteurización como método de conservación?

a) Anchoas.

b) Jamón.

c) Verduras.
d) Zumos.

57. ¿Qué tipo de congelación de alimentos produce cristales de hielo que dañan la estructura del producto?

a) Congelación artificial.
b) Congelación rápida.
c) Congelación lenta.
d) Congelación natural.

58. La esterilización por calor se usa principalmente para:

a) Carnes rojas y blancas.
b) Frutas y verduras.
c) Conservas.
d) Legumbres.

59. La esterilización a temperaturas superiores a 100 ºC produce una disminución de las propiedades nutritivas de los alimentos, ocasionando sobre las grasas un/una:

a) Coagulación, y aparición de compuestos tóxicos.
b) Oxidación, y aparición de compuestos tóxicos.
c) Enranciamiento, y aparición de compuestos tóxicos.
d) Caramelización, y aparición de compuestos tóxicos.

60. ¿Cómo se llama el método para reducir la cantidad de agua de un alimento, en el que se produce el paso de sólido a gas sin pasar por líquido?

a) Sublimación.
b) Liofilización.
c) Ahumado.
d) Uperización.

61. ¿Qué condiciones de almacenamiento cumplirán las pilas o lotes de productos?

a) Se colocarán separados del techo.
b) Se colocarán juntos unos con otros.
c) Se colocarán pegados a las paredes laterales.
d) Todas las respuestas son correctas.

62. ¿Qué está prohibido en el almacenamiento de productos alimenticios?

a) Su almacenamiento junto a productos aptos para consumo.
b) Su almacenamiento junto a productos tóxicos.

c) Su correcto etiquetado.
d) Todas las respuestas son ciertas.

63. ¿Qué características tendrán las máquinas que entran en contacto con los alimentos?

a) Transmitirán al producto propiedades nocivas.
b) Las partes metálicas irán revestidas por capas anticorrosión.
c) Las válvulas serán susceptibles de modificar sustancialmente las características de los alimentos.
d) Todas las respuestas son correctas.

64. ¿Qué objetivo tiene la rotación?

a) Consumir en primer lugar los que lleven menos tiempo almacenados.
b) Consumir en último lugar los que lleven más tiempo almacenados.
c) Asegurar que se consumirán primero los que pueden estropearse antes.
d) Son correctas las respuestas a) y b).

65. ¿Qué tipo de producto es una lata de anchoas?

a) Semiconserva.
b) No perecedero.
c) Conserva.
d) Fresco.

66. ¿Qué diferencia hay entre las conservas y las semiconservas?

a) Las semiconservas necesitan frío y las conservas no.
b) Las conservas necesitan frío y las semiconservas no.
c) Las semiconservas duran más tiempo que las conservas.
d) Son correctas las respuestas a) y c).

67. ¿Qué práctica está prohibida en almacén?

a) Emplear productos de limpieza.
b) Barrer en seco.
c) Barrer en húmedo.
d) Todas las respuestas son falsas.

68. ¿Cómo será la humedad de los almacenes de alimentos?

a) Elevada para evitar la desecación.
b) Baja para evitar la proliferación de hongos.
c) Homogénea y constante en todos los almacenes.
d) Depende del tipo de alimento almacenado.

69. ¿Qué es falso sobre las conservas?

a) Son productos enlatados y esterilizados.
b) Es necesario mantenerlos en frío.
c) Se almacena en lugar seco y bien ventilado.
d) Duran mucho tiempo.

70. La temperatura de los alimentos ultracongelados deberá ser estable y mantenerse en todas las partes del producto a una temperatura de:

a) −18 ºC o menos.
b) −15 ºC o menos.
c) −12 ºC o menos.
d) −10 ºC o menos.

Solución al test n.º 7

1. b) Para elaborar fondos.

2. d) Rustidera.

3. a) Saltear, rehogar y estofar géneros.

4. b) La maquinaria ha de estar debidamente aislada para evitar toda pérdida de energía.

5. d) Las respuestas a) y b) son correctas.

6. c) Bajar la temperatura del alimento.

7. a) Son mesas de trabajo de acero inoxidable y en su parte inferior tiene instalado un sistema frigorífico.

8. b) El vapor sale por la válvula.

9. b) Con agua.

10. a) Girando.

11. b) Para medir cantidades de líquidos.

12. d) La espalmadera.

13. d) Línea caliente.

14. a) En envasado al vacío y tratamiento térmico posterior.

15. a) Con productos desincrustantes y poder bactericida.

16. a) Las marmitas y rustideras fijas.

17. c) De madera.

18. d) Sal.

19. b) Después de cada jornada.

20. a) La ración neta se entiende limpia de grasas, huesos, espinas, etc., que se sitúa entre ciento cincuenta y ciento ochenta gramos por persona, salvo algún tipo de corte especial o pieza de ración.

21. c) Picado.

22. a) Meterla en agua con unas gotas de limón.

23. b) Con agua y unas gotas de lejía.

24. d) Todas las respuestas son correctas.

25. c) Envolver el ave en tiras de tocino, para evitar que se reseque al cocinarlo.

26. b) Entre el pecho y el cuello.

27. c) Cortando alrededor de la rótula para luego tronchar.

28. c) Se retirarán enseguida de la zona de manipulación y se depositarán en un contenedor situado cerca.

29. a) En la parte inferior.

30. d) La limpieza de la materia prima se realizará por todo lo antes mencionado.

31. a) Aleta.

32. c) Enteras.

33. b) Albardado.

34. b) Suprema.

35. a) Evitar que pierdan su forma durante la cocción.

36. b) La puesta en temperatura para su consumo.

37. a) La materia prima se retirará de las cámaras al inicio de la jornada de trabajo para que vaya tomando temperatura antes de su uso.

38. a) Merma del producto.

39. a) Lavado de manos con agua caliente y jabón.

40. a) La propia empresa o una entidad autorizada por la autoridad sanitaria competente.

41. d) El conjunto de medidas necesarias para asegurar la salubridad, inocuidad y buen estado de los productos destinados a la alimentación, en todas las etapas de su preparación.

42. b) Se evitarán las corrientes de aire desde zonas contaminadas a zonas limpias.

43. c) Cuando un operador de empresa alimentaria prevea razonablemente que una materia prima pueda estar contaminada, la someterá a cocción prolongada para eliminar los microorganismos.

44. d) La Ley 17/2011, de 5 de julio, de seguridad alimentaria y nutrición.

45. a) Persona que sin presentar síntomas de enfermedad, puede transmitir gérmenes a los alimentos y causar daños en otras personas.

46. a) Sí, siempre que no contenga ninguna sustancia que entrañe peligro para la salud o pueda contaminar el producto.

47. a) Un instrumento para ayudar a logra niveles elevados de seguridad alimentaria.

48. a) Prohibido fumar, comer, mascar chicle, escupir o cualquier cosa no higiénica que pueda contaminar los alimentos.

49. c) Se trata de mantener el alimento a una temperatura superior a –18 ºC.

50. d) Todas las afirmaciones anteriores son correctas.

51. b) En la acidificación.

52. c) Sal disuelta en agua.

53. c) Pasteurización.

54. c) Es un producto conservado por salazón.

55. b) Solidifica el agua, impidiendo que esté disponible para los microorganismos.

56. d) Zumos.

57. c) Congelación lenta.

58. c) Conservas.

59. b) Oxidación, y aparición de compuestos tóxicos.

60. b) Liofilización.

61. a) Se colocarán separados del techo.

62. b) Su almacenamiento junto a productos tóxicos.

63. b) Las partes metálicas irán revestidas por capas anticorrosión.

64. c) Asegurar que se consumirán primero los que pueden estropearse antes.

65. a) Semiconserva.

66. a) Las semiconservas necesitan frio y las conservas no.

67. b) Barrer en seco.

68. d) Depende del tipo de alimento almacenado.

69. b) Es necesario mantenerlos en frío.

70. a) −18 ºC o menos.

TEST N.º 8

Lencería. El servicio de lavandería y plancha: áreas organizativas. Zona de sucio: recepción, pesado y carga de lavadoras. Sistema de preclasificación de sucio en las unidades. Barrera sanitaria. Zona limpia: clasificación, secado, planchado, empaquetado y distribución

1. ¿Cuál es la finalidad de una lavandería?

a) Procesar la ropa sucia y contaminada convirtiéndola en ropa limpia que ayuda a la comodidad y cuidado del paciente.
b) Mejorar las cualidades iniciales de una prenda.
c) Eliminar la suciedad soluble.
d) Hacer que la ropa sea más cómoda gracias al desgaste del tejido durante el lavado.

2. ¿Qué característica tendrán las superficies donde se deposite la ropa en una lavandería?

a) Deslizantes.
b) No lavables.
c) No tendrán aberturas ni huecos donde puedan acumular suciedad.
d) Todas las respuestas son correctas.

3. ¿Qué funciones tiene el servicio de lavandería y planchado?

a) Reparación y/o reposición de los tejidos deteriorados.
b) Control de los tratamientos de la ropa sucia.
c) Control del tratamiento de la ropa limpia.
d) Todas las respuestas son correctas.

4. ¿En qué momento se realiza la fase de centrifugado?

a) Al inicio del lavado.
b) Durante el lavado, entre distintas fases.
c) Al final del proceso.
d) Antes del empaquetado.

5. ¿Cómo se elimina el agua acumulada durante el lavado, en un tejido de rizo?

a) Mediante secado.
b) Planchando.
c) Manteniendo las prendas de estas características juntas durante un tiempo hasta que se hayan escurrido.
d) Cualquiera de estos procesos es válido.

6. ¿En qué área de la lavandería se realiza el marcaje de las prendas?

a) Área de lavado.
b) Área de planchado.
c) Área de costura.
d) Área de empaquetado.

7. ¿Qué importancia tiene que la bolsa donde se empaquete la ropa limpia sea transparente?

a) Permite ver el contenido.
b) Aísla mejor de la luz.
c) Da sensación de mayor limpieza.
d) No tiene ninguna importancia si va o no empaquetada.

8. ¿Qué separa la barrera sanitaria?

a) La zona de distribución del resto de la lavandería.
b) La zona de entrada de ropa sucia del resto de la lavandería.
c) La zona sucia de la zona limpia.
d) La zona autorizada para personal de la zona pública.

9. ¿Cómo se mueve la ropa sucia que llega a una lavandería?

a) Por vagonetas.
b) Por cintas transportadoras.
c) Por rieles.
d) Todas las respuestas son correctas.

10. ¿Qué peso de ropa se recomienda en cada lavado?

a) La capacidad máxima de la lavadora.
b) La capacidad mínima de la máquina.
c) Un peso inferior a la capacidad máxima de la máquina.
d) Siempre 10 kg.

11. ¿Qué afirmación no es correcta?

a) La lavadora se carga por la zona sucia.
b) La lavadora se descarga por la zona limpia.
c) La lavadora desagua por la zona limpia.
d) Las respuestas a) y b) son correctas.

12. ¿Qué función tiene crear presión de aire negativa en la zona sucia?

a) La circulación de aire será desde la zona limpia hacia la zona sucia.
b) La circulación de aire será desde la zona sucia hacia la zona limpia.
c) Evitar el exceso de calor acumulado por los equipos.
d) Actuar como vehículo de transmisión de infecciones.

13. ¿En qué momento se deslía la ropa?

a) Al salir de la calandra.
b) Al salir del túnel de secado.
c) Al salir del túnel de lavado.
d) Antes de su distribución.

14. Indica la respuesta correcta:

a) En el túnel de secado se eliminan totalmente la humedad mediante aire caliente.
b) Se utiliza para ropa de forma.
c) Se eliminan las arrugas, y en muchos casos ya no es necesario planchar.
d) Todas las respuestas son correctas.

15. ¿En qué se basa el planchado de la ropa?

a) Calor.
b) Presión.
c) Frotación.
d) Las respuestas a) y b) son correctas.

16. ¿Qué se hace con las prendas que han sido repasadas?

a) Se empaquetan.
b) Se planchan.
c) Se lavan.
d) Se desechan.

17. ¿Qué ocurre cuando el peso de ropa por lavado es mayor que el recomendado?

a) La ropa queda más apretada, dificultando que los productos puedan penetrar en los tejidos. Este problema no se va a resolver aumentando la dosis de detergente.
b) Las prendas no quedan limpias, y pueden permanecer restos de suciedad en algunas zonas.

c) Las máquinas trabajan más forzadas, y el sistema se puede dañar causando una avería.
d) Todas las respuestas son correctas.

18. ¿Qué prendas contiene un lote de ropa?

a) Prendas con características similares, que puedan ser sometidas al mismo programa de lavado.
b) Un juego completo para un paciente.
c) Las necesidades de una planta para un día.
d) Ninguna respuesta es correcta.

19. ¿Cuál de las siguientes no es función del área de secado y planchado?

a) Planchado en calandra.
b) Clasificación de ropa limpia.
c) Carga de lavadoras.
d) Carga de secadoras.

20. ¿Qué tipo de gestión tiene una lavandería centralizada?

a) Propia.
b) Ajena.
c) Reducida a centros pequeños.
d) No existen las lavanderías centralizadas.

21. ¿En qué consiste el principio de marcha adelante en una lavandería?

a) Las fases del proceso serán independientes y se localizarán en zonas separadas.
b) Las áreas de trabajo se situarán siguiendo el orden lógico del proceso.
c) El local debe ser lineal para que la localización se realice por orden.
d) Ninguna respuesta es correcta.

22. Las puertas por las que tengan que pasar carros de transporte de ropa, deberán ser de:

a) Metal.
b) Acero inoxidable.
c) Madera.
d) PVC.

23. ¿Qué requisito tendrá el techo de una lavandería?

a) Altura suficiente para permitir la instalación de raíles aéreos, tolvas y otros elementos elevados.
b) Antideslizante.

c) Poroso.
d) Todas las respuestas son correctas.

24. Las puertas de acceso a la cabina de desinfección entre el lado limpio y el lado sucio:

a) Deberá ir instalada de tal manera que abra una, sin que se abra la otra.
b) Deberá ir instalada de tal manera que no abra una sln que haya cerrado totalmente la otra.
c) Deberá ir instalada de tal manera que se cierre una cuando se cierre la otra.
d) Deberá ir instalada de tal manera que se cierre automáticamente una puerta cuando no se pueda abrir la otra.

25. ¿Cuál de estas funciones corresponde al servicio de medicina preventiva?

a) Vigilancia de la salud del personal.
b) Formación de los trabajadores en materia preventiva.
c) Control de las condiciones higiénico-sanitarias de las instalaciones.
d) Todas las respuestas son correctas.

26. ¿Qué característica ha de tener el suelo de una lavandería?

a) Discontinuos, deslizantes y de fácil limpieza.
b) Discontinuos, antideslizantes y de vivos colores.
c) Continuos, deslizantes y de fácil limpieza.
d) Continuos, antideslizantes y de fácil limpieza.

27. ¿Cuál de los siguientes modelos de lavandería tiene gestión propia?

a) Centralizada.
b) Semicentralizada.
c) Institucional.
d) Las opciones a y b son correctas.

28. ¿Qué características tiene una lavandería institucional?

a) Cuenta con presupuesto propio.
b) Tiene capacidad productiva baja, pero suficiente para atender las necesidades del Centro del que depende.
c) Suele estar totalmente mecanizada y automatizada.
d) Todas las respuestas son correctas.

29. La lavandería deberá tener diferenciados los siguientes locales:

a) Recepción, telefonía y área de lavado.
b) Área de almacén, área de esterilización, área de ocio.

c) Área de lavado, área de almacén, y área de recepción y clasificación.

d) Área de lavado, área de secado y área de planchado.

30. ¿Qué ocurre cuando el peso de ropa por lavado es mayor que el recomendado?

a) La ropa queda más apretada, dificultando que los productos puedan penetrar en los tejidos.

b) Las prendas no quedan limpias, y pueden permanecer restos de suciedad en algunas zonas.

c) Las máquinas trabajan más forzadas, y el sistema se puede dañar produciéndose una avería.

d) Todas las respuestas son correctas.

31. ¿Qué ocurre cuando el peso de ropa por lavado es menor que el recomendado?

a) El consumo de agua, productos y energía es el mismo que con la cantidad de ropa recomendada.

b) La ropa queda más apretada, dificultando que los productos puedan penetrar en los tejidos.

c) Las prendas no quedan limpias, y pueden permanecer restos de suciedad en algunas zonas.

d) Las máquinas trabajan más forzadas, y el sistema se puede dañar causando una avería.

32. ¿Cómo se realiza la carga de los túneles de lavado?

a) Manualmente.

b) Mediante cintas transportadoras.

c) Mediante raíles aéreos.

d) Las respuestas b y c son correctas.

33. ¿Qué es la barrera sanitaria?

a) Una separación física entre la zona sucia y la zona limpia.

b) Una separación física entre la lavandería otras zonas sanitarias del hospital.

c) Un concepto teórico que pretende promover la prevención de la contaminación.

d) Una corriente de aire que se desplaza desde la zona limpia hacia la zona sucia.

34. ¿Cuál de las siguientes afirmaciones en incorrecta?

a) Es necesario crear una presión de aire negativa en la zona sucia.

b) La circulación de aire será desde la zona sucia a la zona limpia.

c) El aire podría actuar como vehículo para la transmisión de los contaminantes.

d) La ropa pasa de una zona a otra a través del sistema de lavado.

35. ¿Qué afirmación es correcta respecto a la manipulación de ropa limpia?

a) Debe hacerse con sumo cuidado, para evitar que se contamine.
b) No es necesario el uso de guantes.
c) Se puede realizar tanto en la zona limpia como en la sucia.
d) Todas las respuestas son correctas.

36. ¿Cuál es el orden correcto del proceso?

a) Clasificación, lavado, secado, planchado, y distribución.
b) Clasificación, lavado, planchado, secado y distribución.
c) Distribución, lavado, clasificación, secado y planchado.
d) Lavado, secado, clasificación, distribución y planchado.

37. ¿Para qué se utiliza la calandra?

a) Lavar.
b) Planchar.
c) Secar.
d) Coser.

38. ¿Cuál de estos sistemas además de secar elimina las arrugas?

a) Centrifugación
b) Planchado en calandra
c) Secado en túnel.
d) Las respuestas b y c son correctas.

39. ¿Qué tareas se llevan a cabo en la sección de costura?

a) Poner botones.
b) Reparar descosidos.
c) Marcar prendas.
d) Todas las anteriores.

40. ¿Puede el personal de la zona sucia de una lavandería pasar a la zona limpia?

a) Sí.
b) No, en ningún caso.
c) Sólo en caso de que se asee y cambie de uniforme.
d) El personal de ambas zonas se intercambia constantemente para favorecer la rotación de tareas.

Solución al test n.º 8

1. a) Procesar la ropa sucia y contaminada convirtiéndola en ropa limpia que ayuda a la comodidad y cuidado del paciente.

2. c) No tendrán aberturas ni huecos donde puedan acumular suciedad.

3. d) Todas las respuestas son correctas.

4. b) Durante el lavado, entre distintas fases.

5. a) Mediante secado.

6. c) Área de costura.

7. a) Permite ver el contenido.

8. c) La zona sucia de la zona limpia.

9. d) Todas las respuestas son correctas.

10. c) Un peso inferior a la capacidad máxima de la máquina.

11. c) La lavadora desagua por la zona limpia.

12. a) La circulación de aire será desde la zona limpia hacia la zona sucia.

13. c) Al salir del túnel de lavado.

14. d) Todas las respuestas son correctas.

15. d) Las respuestas a) y b) son correctas.

16. c) Se lavan.

17. d) Todas las respuestas son correctas.

18. a) Prendas con características similares, que puedan ser sometidas al mismo programa de lavado.

19. c) Carga de lavadoras.

20. a) Propia.

21. b) Las áreas de trabajo se situarán siguiendo el orden lógico del proceso.

22. d) PVC.

23. a) Altura suficiente para permitir la instalación de raíles aéreos, tolvas y otros elementos elevados.

24. b) Deberá ir instalada de tal manera que no abra una sin que haya cerrado totalmente la otra.

25. d) Todas las respuestas son correctas.

26. d) Continuos, antideslizantes y de fácil limpieza.

27. a) Centralizada.

28. b) Tiene capacidad productiva baja, pero suficiente para atender las necesidades del Centro del que depende.

29. c) Área de lavado, área de almacén, y área de recepción y clasificación.

30. d) Todas las respuestas son correctas.

31. a) El consumo de agua, productos y energía es el mismo que con la cantidad de ropa recomendada.

32. d) Las respuestas b y c son correctas.

33. a) Una separación física entre la zona sucia y la zona limpia.

34. b) La circulación de aire será desde la zona sucia a la zona limpia.

35. a) Debe hacerse con sumo cuidado, para evitar que se contamine.

36. a) Clasificación, lavado, secado, planchado, y distribución.

37. b) Planchar.

38. d) Las respuestas b y c son correctas.

39. d) Todas las anteriores.

40. c) Sólo en caso de que se asee y cambie de uniforme.

TEST N.º 9

Lencería. Maquinaria de lavandería y plancha. Sistemas de lavado: lavadoras y túneles de lavado. Secadoras. Sistemas de secado y plancha: calandras, plegadoras, túneles de secado. Centrales de planchado. Plegadoras y apiladoras

1. ¿Cómo influyen los turnos y la distribución del trabajo en la elección de maquinaria para una lavandería?

a) Número de horas que van a estar las máquinas en funcionamiento.
b) Incremento de trabajo durante horas concretas del día.
c) Incremento de trabajo en algunos días de la semana.
d) Todas las respuestas son correctas.

2. ¿Cuáles de las siguientes máquinas se utilizan para el empaquetado y la distribución de la ropa limpia?

a) Secadora.
b) Calandra.
c) Empaquetadora.
d) Centrífuga.

3. ¿Qué característica no es deseable en un producto de lavado?

a) Biodegradable.
b) Agresivo con la ropa.
c) Eficaz.
d) Todas son características deseables.

4. ¿Qué sistema de dosificación se utiliza para el detergente en una lavandería centralizada?

a) Sistema de depósito de predisolución.
b) Método manual.
c) Difusión automática inicial.
d) Remoto.

5. ¿Puede un trabajador hacer un cambio de circuito dentro de la misma jornada?

a) No, nunca.
b) Sí, siempre que se requiera.
c) No sin aseo previo.
d) Sí, sin aseo previo.

6. ¿Qué son los pesebres?

a) Contenedores.
b) Jaulas.
c) Sacos.
d) Carros.

7. ¿Qué tamaño es más habitual para los contenedores de ropa en la lavandería?

a) 1 o 2 litros.
b) 30 o 40 litros.
c) 300 o 400 litros.
d) 2000 o 3000 litros.

8. ¿Cómo son las cintas de tablillas?

a) Sistema de transporte formado por una banda continua que se mueve mediante dos rodillos en los extremos.
b) Sistema de arrastre formado por una sucesión de tablillas paralelas.
c) Sistema formado por un conjunto de rodillos, uno a continuación del otro, que giran al mismo tiempo pero de manera independiente.
d) Ninguna respuesta es correcta.

9. ¿Cómo funciona un transportador aéreo de cargas pesadas?

a) Consiste en un sistema de raíles a través del que se mueven unos colgadores que soportan las bolsas con los lotes de ropa.
b) La línea de transporte está formada por un conjunto de rodillos, uno a continuación del otro, que giran al mismo tiempo pero de manera independiente.
c) Es un sistema de transporte manual que facilita el traslado de la carga.
d) Todas las respuestas son correctas.

10. ¿En qué consiste el sistema discontinuo de lavado?

a) En la separación de las fases en el tiempo.
b) Es el que utilizan las lavadoras convencionales, de pequeño tamaño, como las de uso doméstico.

c) Consiste en dividir las fases del lavado en diferentes compartimentos comunicados entre sí, y que pueden funcionar al mismo tiempo.
d) Son correctas las respuestas a) y b).

11. ¿Cómo se define la capacidad de una lavadora?

a) Velocidad de centrifugación.
b) Cantidad de ropa que puede lavar en un ciclo.
c) Presencia o no de base antivibratoria.
d) Tamaño del equipo.

12. ¿Qué cantidad máxima de ropa puede lavar un túnel que tiene 12 compartimentos de 50 kg?

a) 50 kg.
b) 400 kg.
c) 600 kg.
d) 6000 kg.

13. ¿Qué cantidad máxima de ropa puede estar en una fase al mismo tiempo, en un túnel que tiene 12 compartimentos de 50 kg?

a) 50 kg.
b) 400 kg.
c) 600 kg.
d) 6000 kg.

14. ¿Cómo sale la ropa de la secadora?

a) Totalmente seca.
b) Parcialmente seca.
c) Totalmente húmeda.
d) Totalmente seca o con un grado de humedad que dependerá del tiempo del programa aplicado.

15. ¿Qué es la calandra?

a) Un equipo de lavado.
b) Un equipo de planchado.
c) Un sistema de depuración de agua.
d) Un tipo de lavandería.

16. ¿Cómo es la parte superior de la prensa de planchado?

a) Abatible.
b) Inmóvil.

c) Almohadillada.
d) Todas las respuestas son correctas.

17. ¿Para qué caso utilizaría planchado por difusión de vapor?

a) Tejidos muy delicados.
b) Sábanas.
c) Toallas.
d) Todas las respuestas son correctas.

18. ¿Cómo limpiaría la plancha a vapor?

a) Con agua del grifo.
b) Con agua destilada.
c) Con aceite.
d) Con sal.

19. ¿Qué tipo de contenedor se utilizaría para el vaciado de la secadora?

a) Jaulas tipo rolltainer.
b) Contenedores tipo trolleys.
c) Carros de fondeo remontables.
d) Las respuestas b) y c) son correctas.

20. ¿Cuál de los siguientes es objetivo del mantenimiento de la maquinaria?

a) Obtener un buen rendimiento energético.
b) Minimizar el deterioro ambiental.
c) Fijar la periodicidad de las revisiones.
d) Todas las respuestas son correctas.

21. Entre las instalaciones de una lavandería hospitalaria, encontramos:

a) Calandras.
b) Secadoras.
c) Empaquetadoras.
d) Todas son correctas.

22. Una empaquetadora es:

a) Una máquina de planchado de ropa de firma.
b) Una máquina donde se empaquete la ropa con plástico.
c) Una máquina de lavado de ropa.
d) Una máquina de hacer paquetes con papel maché.

23. ¿Qué factor/es se tendrá/n en cuenta a la hora de elegir una nueva máquina?

a) Tipo y cantidad de ropa.
b) Calidad de ropa.
c) Grado de suciedad.
d) Todas las respuestas son correctas.

24. ¿Cómo influye la calidad de la ropa en la elección de una máquina de lavado?

a) Los tejidos resistentes soportan mejor los tratamientos agresivos.
b) Los tejidos menos resistentes necesitan máquinas menos potentes para que no sean dañados.
c) Los tejidos menos resistentes se lavarán en máquinas más pequeñas.
d) La calidad de la ropa no influye en esa elección.

25. ¿Cuál de los siguientes factores no influyen en la elección de los equipos de trabajo?

a) Turnos de trabajo.
b) Previsión de incidencias.
c) Presupuesto.
d) Época del año.

26. ¿Cómo se selecciona el producto más adecuado?

a) Haciendo pruebas de lavado.
b) Por el precio.
c) Mirando la composición.
d) Sólo se tendrá en cuenta la función y su eficacia.

27. ¿Cómo influyen los productos de lavado en el desgaste de los tejidos?

a) Las fibras evitan que las fibras se queden unidas entre sí, deshaciendo el tejido.
b) Eliminan poco a poco el color.
c) Se incrustan entre las fibras que componen los tejidos, deteriorándolas y acortando la vida media de las prendas.
d) Ninguna respuesta es cierta.

28. ¿Qué característica es deseable para un detergente de lavado?

a) Eficacia.
b) Biodegradabilidad.
c) Económico.
d) Todas las respuestas son correctas.

29. ¿Cómo se dosifica el producto en una lavadora-centrífuga?

a) Por bombas de impulso.
b) Por bombas centrífugas.
c) Por bombas peristálticas.
d) Por bombas manuales.

30. La reposición de productos en las máquinas lavadoras se efectuará:

a) Al principio de la jornada.
b) A mitad de la jornada.
c) Al final de la jornada.
d) Cuando se acabe.

31. ¿Cuál de estos elementos forman parte de los equipos de clasificación de ropa sucia?

a) Mesa de clasificación.
b) Alveolos.
c) Cinta transportadora.
d) Todas las respuestas son correctas.

32. ¿Qué tipo de cinta móvil es la más utilizada para la clasificación de ropa?

a) Bandas.
b) Rodillos.
c) Tablillas.
d) Ninguna de ellas se utiliza.

33. En los túneles de lavado, la dosis de producto a emplear se establecerá en:

a) 5 y 3 g/kg de ropa seca.
b) 6 y 9 g/kg de ropa seca.
c) 8 y 10 g/kg de ropa seca.
d) 4 y 8 g/kg de ropa seca.

34. ¿Qué medio utiliza una tolva para el transporte de ropa?

a) Electricidad.
b) Fuerza centrífuga.
c) Gravedad.
d) Fuerza centrípeta.

35. ¿Qué medida se utilizará para reducir al mínimo los riesgos durante la utilización de equipos?

a) Plan de mantenimiento.
b) Reparaciones en 24 horas.
c) Renovación de maquinaria anual.
d) Todas las respuestas son correctas.

36. El planchado por difusión a vapor se utiliza en:

a) Tejidos resistentes con formación de rayas.
b) Tejidos poco delicados.
c) Tejidos muy delicados que no precisan de pliegues.
d) Tejidos de algodón y lino.

37. Jaulas tipo roll container son:

a) Carros o jaulas móviles para el traslado de ropa limpia.
b) Contenedores para clasificación de ropa sucia.
c) Baldas para el almacenamiento de ropa limpia.
d) Tolvas.

38. ¿Qué características tendrá un lote de ropa para el lavado?

a) Contendrá ropa que vaya a someterse al mismo programa de lavado.
b) Tendrá un peso de ropa equivalente a la capacidad de la máquina.
c) Contendrá ropa del mismo tipo.
d) Todas las respuestas son correctas.

39. ¿En qué se diferencian las cintas de bandas y las de rodillos?

a) En el sistema de arrastre.
b) Las primeras sirven para el desplazamiento horizontal y las segundas para el vertical.
c) Las primeras están formadas por bandas paralelas, y las segundas por bandas verticales.
d) Todas las respuestas son correctas.

40. Las lavanderías verticales utilizan la fuerza de gravedad para transportar las prendas sucias entre una planta y otra inferior pero, ¿qué sistema utilizan para ahorrar energía?

a) Transportadores aéreos de raíles.
b) Tolvas.
c) Ascensores.
d) Pesebres.

Solución al test n.º 9

1. d) Todas las respuestas son correctas.

2. c) Empaquetadora.

3. b) Agresivo con la ropa.

4. a) Sistema de depósito de predisolución.

5. c) No sin aseo previo.

6. a) Contenedores.

7. c) 300 o 400 litros.

8. b) Sistema de arrastre formado por una sucesión de tablillas paralelas.

9. a) Consiste en un sistema de raíles a través del que se mueven unos colgadores que soportan las bolsas con los lotes de ropa.

10. d) Son correctas las respuestas a) y b).

11. b) Cantidad de ropa que puede lavar en un ciclo.

12. c) 600 kg.

13. a) 50 kg.

14. d) Totalmente seca o con un grado de humedad que dependerá del tiempo del programa aplicado.

15. b) Un equipo de planchado.

16. a) Abatible.

17. a) Tejidos muy delicados.

18. b) Con agua destilada.

19. d) Las respuestas b) y c) son correctas.

20. d) Todas las respuestas son correctas.

21. d) Todas son correctas.

22. b) Una máquina donde se empaquete la ropa con plástico.

23. d) Todas las respuestas son correctas.

24. a) Los tejidos resistentes soportan mejor los tratamientos agresivos.

25. d) Época del año.

26. a) Haciendo pruebas de lavado.

27. c) Se incrustan entre las fibras que componen los tejidos, deteriorándolas y acortando la vida media de las prendas.

28. d) Todas las respuestas son correctas.

29. b) Por bombas centrífugas.

30. c) Al final de la jornada.

31. d) Todas las respuestas son correctas.

32. a) Bandas.

33. b) 6 y 9 g/kg de ropa seca.

34. c) Gravedad.

35. a) Plan de mantenimiento.

36. c) Tejidos muy delicados que no precisan de pliegues.

37. a) Carros o jaulas móviles para el traslado de ropa limpia.

38. d) Todas las respuestas son correctas.

39. a) En el sistema de arrastre.

40. b) Tolvas.

TEST N.º 10

Lencería. La ropa hospitalaria: ropa de línea y de forma. Características de los textiles y tipos de fibra

1. ¿Qué características básicas tendrá la ropa hospitalaria?

a) Comodidad, suavidad e higiene.
b) Comodidad, elasticidad y estética.
c) Elasticidad, suavidad y holgura.
d) Tallaje, marcaje e higiene.

2. ¿Qué prendas no son ropa de forma?

a) Pantalones, camisas, batas.
b) Camisones, pijamas.
c) Paños y entremetidas.
d) Todas las respuestas son correctas.

3. ¿Cómo se hace el cálculo de la producción de ropa en una lavandería?

a) En función del peso de ropa.
b) En función del volumen de ropa.
c) En función del número de prendas de línea.
d) En función del número de bolsas de ropa.

4. ¿Qué es mayor, el peso de la ropa lavada o el peso de la ropa tratada?

a) El peso de la ropa tratada.
b) El peso de la ropa lavada.
c) Son iguales.
d) Depende de la ropa.

5. ¿Cuánta ropa es producida en una lavandería?

a) Toda la ropa que entró en la lavandería.
b) La ropa que ha sido sometida a todo el proceso.

c) Toda la ropa desechada.
d) La suma de a) y c).

6. ¿Qué características determinan la calidad de los tejidos?

a) La composición.
b) El color.
c) El entrelazado.
d) Son correctas las respuestas a) y c).

7. ¿Qué resulta del entrelazado de las fibras?

a) Un tejido rugoso.
b) Un producto plano, el tejido.
c) Una fibra mayor.
d) Una prenda.

8. Es una característica de las propiedades geométricas de las fibras:

a) Todas las fibras naturales se encuentran de forma continua, exceptuando la seda.
b) Todas las fibras químicas se obtienen inicialmente en fibras discontinuas.
c) Todas las fibras naturales se encuentran de forma discontinua, exceptuando la seda.
d) El filamento continuo se caracteriza por segmentos de longitud definida.

9. ¿Qué efectos negativos pueden tener los lavados sobre la ropa?

a) Disminución de la resistencia del tejido.
b) Decoloración.
c) Encogido.
d) Todas las respuestas son correctas.

10. ¿Qué tipo de manchas pueden formarse en tejidos lavados con aguas alcalinas?

a) Negras.
b) Pardas.
c) Blancas.
d) No se forman manchas.

11. ¿Qué ocurre si se trata una mancha de sangre con lejía?

a) Se quita.
b) Se blanquea.
c) Se fija al tejido.
d) No tiene efecto alguno.

12. ¿Cómo se elimina una mancha de clorhexidina?

a) Con agua oxigenada.
b) Con perborato.
c) Con lejía.
d) Son correctas las respuestas a) y b).

13. ¿De qué color es la ropa de quirófano?

a) Blanca.
b) Azul.
c) Verde.
d) Negra.

14. ¿Qué es el tejido?

a) El proceso de entrelazar hilos de forma regular, para fabricar un producto plano.
b) El producto plano resultante del entrelazado de hilos.
c) La unión de fibras.
d) Las respuestas a) y b) son correctas.

15. ¿Cómo se denominan los conjuntos de hilo que se entrelazan en el tejido?

a) Urdimbre y trama.
b) Turdible y rama.
c) Cóncavo y convexo.
d) Tira y transversa.

16. ¿Cuál es el resultado de la unión sólida de un conjunto de fibras dispuestas de forma paralela?

a) Fibra.
b) Hilo.
c) Tejido.
d) Prenda.

17. ¿Qué tipo de fibra es el algodón?

a) Vegetal.
b) Animal.
c) Tallos de plantas.
d) Sintética.

18. ¿Qué parámetros determinan el rizado de la fibra?

a) Longitud y grosor.
b) Forma, frecuencia y amplitud.

c) Color y tensión.
d) Todas las respuestas son correctas.

19. ¿Qué es una fibra textil?

a) La que está compuesta por varios hilos entrelazados.
b) La que no se obtiene de la naturaleza.
c) Es toda materia que puede ser transformada en hilo.
d) Cualquier material cuya longitud sea muy inferior a su diámetro.

20. ¿Qué es falso sobre el almacenamiento de la ropa sucia?

a) Permanece en las mismas bolsas donde se recogió.
b) Se almacenará por un tiempo lo más breve posible.
c) Se almacenará en el mismo lugar donde se produce.
d) Se almacenará en lugares bien ventilados.

21. ¿Qué factores determinan el tratamiento que se debe dar a la ropa en la lavandería?

a) Uso.
b) Color.
c) Tejido.
d) Las respuestas a, b y c son correctas.

22. ¿Qué es la ropa de línea?

a) Son piezas de forma irregular, constituidas por varias piezas unidas por costuras.
b) Son las prendas que necesitan ser planchadas por procedimientos especiales, manuales o mecánicos.
c) Son prendas de forma regular, constituidas por una sola pieza, y sin costuras.
d) Son prendas que se lavan en calandra.

23. ¿Qué es ropa de forma?

a) Son piezas de forma irregular, constituidas por varias piezas unidas por costuras, que necesitan ser planchadas por procedimientos especiales, manuales o mecánicos.
b) Son prendas de forma regular, constituidas por una sola pieza, y sin costuras, que se pueden planchar en calandra.
c) Las dos respuestas son correctas.
d) Las dos respuestas son falsas.

24. ¿Qué tipo de ropa son los pijamas?

a) De línea.
b) De forma.

c) Lisa.

d) Las opciones a y c son correctas.

25. ¿Qué define el concepto de ropa producida?

a) Cantidad de ropa sucia que entra en la lavandería.

b) Cantidad de ropa que ha sido sometida a todo el proceso: lavado, planchado y empaquetado.

c) Cantidad de ropa que se somete al proceso de lavado e higienización.

d) Cantidad de ropa que necesita ser planchada.

26. ¿Cuál de las siguientes afirmaciones es falsa?

a) El peso de la ropa tratada es mayor por la humedad que tiene la ropa y los objetos que van en la bolsa por descuido.

b) La ropa producida es menor que la ropa que entra en la lavandería, porque no toda la ropa lavada termina el proceso de producción.

c) Toda la ropa que finaliza el proceso de lavado llega a la fase de distribución.

d) La cantidad de ropa lavada se ve incrementada por la ropa que no queda perfectamente limpia en el primer lavado, o que tiene que pasar por la sección de costura y posteriormente volver a ser lavada.

27. ¿Qué son los tejidos?

a) Los productos obtenidos mediante el proceso de entrelazar hilos de forma regular, para fabricar un producto plano.

b) Los productos obtenidos por el entrecruzamiento de tejidos de urdimbre con otros.

c) Los productos obtenidos por la cohesión de fibras.

d) Los productos obtenidos por el entrecruzamiento transversal de los hilos de la trama con los de la urdimbre.

28. ¿Qué tipo de tejido es la batista?

a) Es el tejido resultante del entrelazado de dos hilos de urdimbre con cada hilo de trama.

b) Resulta del entrelazado suave de los hilos de la urdimbre sobre varios hilos de la trama.

c) Es un tejido liso resultante de cruzar un hilo de trama con cada hilo de urdimbre.

d) La batista no es un tejido.

29. ¿Cuál de las siguientes afirmaciones es correcta?

a) Un hilo es el resultado de la unión sólida de un conjunto de fibras dispuestas de forma paralela, y a las que se aplica una fuerza de torsión.

b) Cuando durante el hilado se aplica una torsión fuerte, se obtienen hilos resistentes, que darán telas más duras, resistentes al rozamiento, y que se ensucian y arrugan menos.

c) Se puede obtener hilo a partir de fibras cortas, por un proceso de cardado, y posterior peinado para estirarlas, además de la torsión.

d) Todas las respuestas son correctas.

30. ¿Qué características debe tener una fibra textil?

a) Gran longitud y pequeño diámetro.
b) Cierto grado de aspereza.
c) Falta de cohesión.
d) Debe tener todas las anteriores características.

31. ¿Cuál de las siguientes no es una fibra natural?

a) Lana.
b) Lino.
c) Nilón.
d) Algodón.

32. ¿En qué se diferencian el pelo y la lana?

a) La lana tiene su superficie recubierta de pequeñas y abundantes escamas.
b) El pelo tiene su superficie recubierta de pequeñas y abundantes escamas.
c) La lana es blanca y el pelo oscuro.
d) La lana es más gruesa que el pelo.

33. ¿Qué ventajas tienen los tejidos de algodón?

a) Se teje y tiñe fácilmente dando tejidos resistentes, absorbentes, y cómodos.
b) Su recolección es sencilla.
c) La calidad es siempre la misma, y no depende de las condiciones climáticas.
d) Todas las respuestas son correctas.

34. ¿Qué tipo de fibra es el lino?

a) Es una fibra natural vegetal que se obtiene de los tallos de la planta.
b) Es una fibra natural vegetal que se obtiene de las semillas de la planta.
c) Es una fibra artificial.
d) Es una fibra natural de origen animal.

35. ¿Cuál de las siguientes es una fibra de celulosa regenerada?

a) Seda.
b) Fibrola.
c) Rayón.
d) Lino.

36. El comportamiento de tracción, torsión y flexión son propiedades de las fibras:

a) Geométricas.
b) Químicas.
c) Físicas.
d) Sorción.

37. Ropa tratada:

a) Es toda la ropa limpia.
b) Es la cantidad de ropa planchada que se empaqueta.
c) Es la cantidad de ropa empaquetada para la distribución.
d) Es la cantidad de ropa sucia que entra en la lavandería.

38. El peso de la ropa tratada:

a) Es menor que la ropa planchada.
b) Es igual que el de la ropa planchada.
c) Es mayor que el de la ropa planchada.
d) La ropa tratada no se pesa.

39. ¿Qué se considera ropa lavada en una lavandería hospitalaria?

a) La cantidad de ropa sucia que entra en una lavandería.
b) La cantidad de ropa que se somete al proceso de lavado e higienización.
c) La cantidad de ropa que ha sido sometida al proceso de lavado y
planchado.
d) La cantidad de ropa que ha sido sometida al proceso de lavado, secado y planchado.

40. Son fibras obtenidas de tallos de plantas:

a) Miraguano.
b) Algodón.
c) Lino.
d) Espadaña.

41. Son fibras artificiales:

a) El rayón.
b) El miraguano.
c) El ramio.
d) El yute.

42. ¿Cómo se eliminan las manchas de sangre?

a) Con agua fría y detergente.
b) Con agua caliente y lejía.

c) Frotando con alcohol y acetona.
d) Frotando con un algodón empapado en éter.

43. En los lugares en que se manejen productos anestésicos se evitará el uso de:

a) Tejidos de algodón porque existe riesgo de generar un arco eléctrico.
b) Tejidos de poliéster porque existe riesgo de generar un arco eléctrico.
c) Tejidos de lino porque existe riesgo de generar un arco eléctrico.
d) Tejidos de lana porque existe riesgo de generar un arco eléctrico.

44. Son tejidos de satén:

a) El lino.
b) La batista.
c) El crepe.
d) El organdí.

45. ¿Qué sistema de entrecruzado utiliza el tejido satén?

a) Resulta del entrelazado suave de los hilos de la urdimbre sobre varios hilos de la trama.
b) Resulta de cruzar un hilo de trama con cada hilo de urdimbre.
c) Resulta de cruzar dos hilos de urdimbre con cada hilo de trama.
d) Resulta de del entrelazado de un hilo de urdimbre con cada hilo de la trama.

Solución al test n.º 10

1. a) Comodidad, suavidad e higiene.

2. c) Paños y entremetidas.

3. a) En función del peso de ropa.

4. a) El peso de la ropa tratada.

5. b) La ropa que ha sido sometida a todo el proceso.

6. d) Son correctas las respuestas a) y c).

7. b) Un producto plano, el tejido.

8. c) Todas las fibras naturales se encuentran de forma discontinua, exceptuando la seda.

9. d) Todas las respuestas son correctas.

10. b) Pardas.

11. c) Se fija al tejido.

12. d) Son correctas las respuestas a) y b).

13. c) Verde.

14. d) Las respuestas a) y b) son correctas.

15. a) Urdimbre y trama.

16. b) Hilo.

17. a) Vegetal.

18. b) Forma, frecuencia y amplitud.

19. c) Es toda materia que puede ser transformada en hilo.

20. c) Se almacenará en el mismo lugar donde se produce.

21. d) Las respuestas a, b y c son correctas.

22. c) Son prendas de forma regular, constituidas por una sola pieza, y sin costuras.

23. a) Son piezas de forma irregular, constituidas por varias piezas unidas por costuras, que necesitan ser planchadas por procedimientos especiales, manuales o mecánicos.

24. b) De forma.

25. b) Cantidad de ropa que ha sido sometida a todo el proceso: lavado, planchado y empaquetado.

26. c) Toda la ropa que finaliza el proceso de lavado llega a la fase de distribución.

27. a) Los productos obtenidos mediante el proceso de entrelazar hilos de forma regular, para fabricar un producto plano.

28. c) Es un tejido liso resultante de cruzar un hilo de trama con cada hilo de urdimbre.

29. d) Todas las respuestas son correctas.

30. a) Gran longitud y pequeño diámetro.

31. c) Nilón.

32. a) La lana tiene su superficie recubierta de pequeñas y abundantes escamas.

33. a) Se teje y tiñe fácilmente dando tejidos resistentes, absorbentes, y cómodos.

34. a) Es una fibra natural vegetal que se obtiene de los tallos de la planta.

35. c) Rayón.

36. c) Físicas.

37. d) Es la cantidad de ropa sucia que entra en la lavandería.

38. c) Es mayor que el de la ropa planchada.

39. b) La cantidad de ropa que se somete al proceso de lavado e higienización.

40. c) Lino.

41. a) El rayón.

42. a) Con agua fría y detergente.

43. b) Tejidos de poliéster porque existe riesgo de generar un arco eléctrico.

44. c) El crepe.

45. a) Resulta del entrelazado suave de los hilos de la urdimbre sobre varios hilos de la trama.

Lencería. Técnicas de lavado, reacción a la acción de ácidos, lejías, oxidantes, temperatura y acción mecánica (aplicación del círculo de Sinner en el proceso de lavado) Los detergentes Tipos de detergentes: y productos para el lavado de la ropa: (componentes de los mismos y acción que realizan. Precauciones, indicaciones de uso según el tipo, y características de los mismos así como del tipo suciedad a eliminar). Técnicas y precauciones de lavado. Técnicas y precauciones de planchado, temperaturas adecuadas. Nociones de etiquetado de ropa

1. ¿Qué procesos forman parte de un ciclo de lavado?

a) Humectación y prelavado.
b) Lavado, aclarado y centrifugado.
c) Lejiado y neutralizado.
d) Todas las respuestas son correctas.

2. ¿Cómo se mantiene la ropa durante la humectación?

a) En agua fría durante 3-5 minutos.
b) En agua caliente durante 3-5 minutos.
c) En agua fría durante una hora.
d) En agua tibia sin tiempo determinado.

3. ¿En qué consiste el aclarado de la ropa?

a) Consiste en mojar la ropa con agua y detergente.
b) Consiste en mantener la ropa mojada para que no se arrugue.
c) Consiste en utilizar agua limpia para disolver los productos de lavado y las suciedades eliminadas.
d) Consiste en someter la ropa a giros rápidos para eliminar el agua retenida.

4. ¿Qué objetivo tiene el lejiado de la ropa?

a) Blanquear.
b) Desinfectar.
c) Emulsionar las suciedades.
d) Son correctas las respuestas a) y b).

5. ¿Qué es falso sobre el suavizante de la ropa?

a) Se añade en el último aclarado.
b) No necesita aclarado posterior.
c) Es recomendable en todo tipo de tejidos.
d) Mejora el tacto de la prenda.

6. ¿Qué prendas aguantan como mucho 30° durante el lavado?

a) Tejidos sintéticos.
b) Que puedan desteñir.
c) Algodón.
d) Todas las respuestas son correctas.

7. ¿Quién puede acceder a las instalaciones de la lavandería?

a) Solo el personal, que dispondrá de ropa de trabajo y equipos de protección individual adecuados.
b) Cualquier persona que lleve equipo de protección individual adecuado.
c) Todos los trabajadores de centros relacionados.
d) El público en general.

8. ¿Qué afirmación es correcta sobre el agua oxigenada?

a) Se añade al agua fría.
b) El tratamiento con este producto asegura la protección de los tejidos delicados.
c) Se inactiva con el calor.
d) Todas las afirmaciones anteriores son correctas.

9. ¿Qué medidas de higiene se aplican a los carros de la lavandería?

a) Se limpiarán y desinfectarán en túnel de lavado.
b) El túnel de lavado alcanzará los 1000 °C.
c) Se utilizarán productos desinfectantes de bajo espectro, como la lejía.
d) Todas las respuestas son correctas.

10. ¿En qué tipo de lavandería es más complejo el control del proceso?

a) Estructura vertical.
b) Estructura horizontal.

c) Estructura mixta.
d) Lavandería pequeña.

11. La humectación es una fase de lavado consistente en:

a) Blanquear y desinfectar la ropa.
b) Mantener la ropa inicialmente en agua fría durante 3 a 5 minutos, para favorecer la eliminación de las manchas.
c) Utilizar agua limpia para disolver los productos de lavado y las suciedades eliminadas.
d) Una alternancia de aclarados y centrifugados.

12. ¿Qué ropa hay que manipular con cuidado?

a) La sucia.
b) La limpia.
c) Los uniformes.
d) Todas las respuestas son correctas.

13. ¿Cómo se confirman las condiciones higiénicas de cada una de las fases de lavado?

a) Visualmente.
b) Mediante análisis microbiológicos periódicos.
c) Por observación de los casos de contagio que se den.
d) Ninguna respuesta es correcta.

14. ¿Qué elemento realiza la acción química durante el lavado?

a) La maquinaria.
b) Los tejidos.
c) Los productos.
d) Todas las respuestas son correctas.

15. ¿Qué acción ejerce el perborato en el lavado?

a) Secuestrante.
b) Oxidante.
c) Tensioactiva.
d) Amortiguadora.

16. ¿En qué propiedades se basa la acción del detergente?

a) Poder humectante, dispersión y suspensión.
b) Tensioactivo, coadyuvante y aditivo.
c) Aniónico y catiónico.
d) Ninguna respuesta es correcta.

17. ¿Cuál se considera el desinfectante universal?

a) Perborato.
b) Oxigeno.
c) Cloro.
d) Hidrógeno.

18. ¿Qué efecto tiene el ácido acético?

a) Protección del color.
b) Blanqueo.
c) Antioxidante.
d) Desinfectante.

19. ¿Qué riesgo existe si se mezclan productos?

a) Intoxicación.
b) Explosión.
c) Incendio.
d) Todos los anteriores.

20. ¿Qué condición es adecuada para un buen desinfectante?

a) Acción bactericida y esporicida de amplio espectro.
b) Ser tóxico, irritante o corrosivo.
c) Inestable.
d) Dejará restos en los tejidos.

21. ¿Cuál de los siguientes no es un objetivo del lavado de ropa?

a) Eliminación total de la suciedad presente en la ropa, sin deteriorar los tejidos, utilizando los productos adecuados.
b) Desinfección de las prendas, cuando sea necesario.
c) Eliminación de todo tipo de manchas, imperfecciones y arrugas.
d) Blanqueo de los tejidos.

22. ¿Cuándo se realiza la fase de humectación?

a) A la mitad del lavado.
b) En el prelavado.
c) Al inicio del lavado.
d) Las respuestas b y c son correctas.

23. ¿Qué procesos forman parte del tercer ciclo del prelavado?

a) Lejiado.
b) Aclarado, con expulsión del agua y centrifugado.

c) Se pone en funcionamiento el termostato para calentar el agua.
d) Todas las repuestas son correctas.

24. ¿En qué momento se produce el aclarado?

a) En la fase de prelavado.
b) En la fase de lavado.
c) Tras la adición y acción de cada producto.
d) Tras el centrifugado.

25. ¿En qué momento se añade la lejía?

a) Durante el prelavado.
b) Antes del prelavado.
c) Después del lavado.
d) Las opciones a y c son correctas.

26. ¿Qué ventajas tiene el lejiado tras el lavado?

a) Mejor blanqueo.
b) Mayor fijación de cloro.
c) No necesita neutralizante.
d) Todas las respuestas son correctas.

27. ¿Qué finalidad tiene el neutralizado?

a) El aclarado de los tejidos.
b) El blanqueo de los tejidos.
c) Evitar que queden restos de cloro en los tejidos.
d) Evitar el desteñido.

28. ¿Qué parámetros definen un programa de lavado?

a) La duración del lavado.
b) La temperatura.
c) Los aditivos de cada fase.
d) Todas las respuestas son correctas.

29. ¿Cuál es la temperatura máxima de lavado para ropa blanca de algodón?

a) 95 ºC.
b) 60 ºC.
c) 40 ºC.
d) 30 ºC.

30. ¿En qué unidades se mide la velocidad de centrifugado?

a) Metros.
b) Segundos.
c) Revoluciones por minuto.
d) Vueltas por segundo.

31. ¿Cómo puede ser la limpieza profesional?

a) En seco o en húmedo.
b) Solo en seco.
c) Con productos muy agresivos.
d) Solo en húmedo.

32. ¿Cómo se realizará el lavado para asegurar la destrucción de la mayoría de los microorganismos?

a) A 60 ºC durante una hora.
b) A 30 ºC durante 10 minutos.
c) A 45 ºC durante dos horas.
d) A 90 ºC durante 15 minutos.

33. ¿De qué manera se usará el agua oxigenada como blanqueante?

a) Se puede aplicar con agua caliente, a 80 ºC o más. Se usará para prendas que no soporten los productos clorados, como por ejemplo la ropa de neonatos.
b) Se añadirá al agua caliente (80-90 ºC) y actuará durante 15 minutos. Este tratamiento asegura la protección de los tejidos delicados.
c) Se inactiva con el calor, por lo que el agua no podrá superar los 40-50 ºC.
d) El agua oxigenada no se utiliza como blanqueante de ropa.

34. ¿Qué temperatura mínima alcanzarán las calandras?

a) 160 – 180 ºC.
b) 60 – 80 ºC.
c) 260 – 280 ºC.
d) 95 ºC.

35. ¿Qué símbolo hace referencia a una limpieza profesional en húmedo?

a) Un cuadrado con una W.
b) Un cuadrado con una S.
c) Un círculo con una W.
d) Un triángulo con una W.

36. En el primer ciclo del prelavado:

a) El tambor de la máquina de lavado se llena hasta un 30 % de su capacidad con agua que lleva la dosis correspondiente de detergente.

b) El movimiento del tambor se detiene para expulsar el agua.

c) El tambor se llena completamente de agua.

d) El agua, con la dosificación de detergente y blanqueador, pasa al tambor hasta llenar aproximadamente la mitad.

37. En el segundo ciclo de lavado:

a) Hay una alternancia de aclarados y centrifugados.

b) Se realiza la adición de productos suavizantes.

c) El agua, con la dosificación adecuada de detergente y blanqueador, pasa al tambor hasta llenar aproximadamente la mitad.

d) La cubeta se llena de agua completamente hasta cubrir la ropa, y realiza movimientos continuados y a velocidad constante.

38. ¿Cuál de las siguientes afirmaciones es la correcta?

a) En el primer ciclo de lavado, la cubeta se llena de agua completamente hasta cubrir la ropa.

b) Hay una alternancia de aclarados y centrifugados en el segundo ciclo de lavado.

c) Al final del segundo ciclo de lavado, se expulsa el agua y hay un centrifugado corto.

d) En el tercer ciclo de lavado comienza la rotación, haciendo giros completos de manera lenta y aumentando progresivamente la velocidad.

39. ¿Qué temperatura máxima de planchado indica un símbolo de una plancha con tres puntos?

a) 100 ºC.

b) 120 ºC.

c) 150 ºC.

d) 200 ºC.

40. ¿Cuál de los siguientes es un sistema de calentamiento de la maquinaria?

a) Agua.

b) Aire.

c) Vapor.

d) Ninguna es correcta.

41. ¿Cuál de los siguientes no es un objetivo del lavado de ropa?

a) Eliminación total de la suciedad presente en la ropa, sin deteriorar los tejidos, utilizando los productos adecuados.
b) Desinfección de las prendas, cuando sea necesario.
c) Blanqueo de los tejidos.
d) Todas son correctas.

42. ¿Qué fases pueden formar parte del prelavado, o fase anterior al lavado?

a) Humectación.
b) Lejiado.
c) Neutralizado.
d) Suavizante.

43. ¿Qué procesos no forman parte del tercer ciclo del prelavado?

a) Lejiado.
b) Aclarado.
c) Centrifugado.
d) Todas las repuestas son correctas.

44. ¿En qué momento se produce el centrifugado?

a) En la fase de prelavado.
b) En la fase de lavado.
c) Tras la adición y acción de cada producto.
d) Tras el centrifugado.

45. ¿En qué momento se añade el suavizante?

a) Durante el prelavado.
b) Antes del prelavado.
c) Después del lavado.
d) El último aclarado.

46. ¿Cual es el principal sistema de calefacción en una lavandería?

a) Vapor.
b) Aire.
c) Agua.
d) Electrico.

47. ¿Qué finalidad tiene añadir agua oxigenada al lavado?

a) El aclarado de los tejidos.
b) El blanqueo de los tejidos.

c) Evitar que queden restos de cloro en los tejidos.
d) Evitar el desteñido.

48. ¿Que no es cierto con respecto al planchado?

a) El calor se aplicará a las prendas de línea durante 15-20 segundos, hasta asegurar el total secado y la eliminación de arrugas.
b) La temperatura de secado y planchado ayuda a la reducción de los microorganismos que pudieran quedar en las prendas.
c) El plegado se hará de forma mecánica siempre que sea posible, para evitar que las prendas se contaminen por la manipulación.
d) Todas son correctas.

49. ¿Cuál es la temperatura máxima de lavado para tejidos sintéticos de color?

a) 95 ºC
b) 60 ºC
c) 40 ºC
d) 30 ºC

50. ¿En qué unidades se mide el tiempo de planchado?

a) Metros.
b) Segundos.
c) Revoluciones por minuto.
d) Vueltas por segundo.

51. ¿Señale la opción incorrecta con respecto al sistema de ventilación de una lavandería?

a) La ventilación podrá ser natural o artificial.
b) Habrá siempre un sistema de renovación de aire.
c) El sistema de ventilación deberá asegurará al menos 60 renovaciones de aire por hora.
d) Se garantizará que los flujos de aire vayan de las zonas limpias hacia las zonas sucias.

52. ¿Cómo se realizará el lavado para prendas delicadas o que puedan desteñir?

a) A 60 ºC.
b) A 30 ºC.
c) A 45 ºC.
d) A 90 ºC.

53. ¿De qué manera se usará perborato como blanqueante?

a) Se puede aplicar con agua caliente, a 80 ºC o más.
b) Se añadirá al agua caliente (80-90 ºC) y actuará durante 15 minutos.

c) Se inactiva con el calor, por lo que el agua no podrá superar los 40-50 ºC.
d) El agua oxigenada no se utiliza como blanqueante de ropa.

54.Señala cual de los siguiente no es un principio del procesado de la ropa:

a) No retorno.
b) Separación de fases.
c) Configuración en E.
d) Barrera sanitaria.

55. ¿Señale cual de los siguientes compuestos químicos actúa como blanqueante?

a) Léjia.
b) Agua oxigenada.
c) Oxígeno activo.
d) Todas son correctas.

56. ¿Qué propiedades debe tener un detergente?

a) Poder humectante.
b) Poder dispersante.
c) Poder de suspensión.
d) Todas son correctas.

57. ¿Qué características tiene la lejía como desinfectante?

a) Es corrosiva para algunos metales.
b) Es inestable.
c) Es blanqueante.
d)Todas las respuestas son correctas

58. ¿Qué ventajas tiene el ácido acético como detergente?

a) Forma espuma.
b) Su acción es de larga duración.
c) Es protector del color durante el lavado.
d) Es insensible a la materia orgánica.

59. ¿Cuál es el objetivo del centrifugado?

a) La eliminación total del agua de las prendas lavadas.
b) El secado de las prendas.
c) La eliminación de gran parte del agua de las prendas lavadas.
d) Todas son correctas.

60. ¿A qué temperatura máxima se debe lavar la ropa de colores sólidos que no destiñen?

a) 95 ºC.
b) 60 ºC.
c) 40 ºC.
d) 110 ºC.

61. Las prendas de tejidos sintéticos de color, se deben lavar a una temperatura máxima de:

a) 40º
b) 30º
c) 85º
d) 60º

62. El hipoclorito sódico se diferencia de otros blanqueantes:

a) Se debe usar para prendas que no soportan los productos clorados.
b) Se añade al agua caliente entre 80 y 90 ºC.
c) Asegura la protección de los tejidos delicados.
d) Se inactiva con el calor.

63. Para asegurar la destrucción de la mayoría de los microorganismos, el lavado de ropa se efectuará a una temperatura de 90º:

a) Durante todo el proceso de lavado.
b) Durante 15 minutos.
c) Durante 35 minutos.
d) Con el proceso de lavado, no se puede asegurar la destrucción de microorganismos.

64. ¿A qué temperatura mínima estarán las calandras?

a) A 40-60 ºC.
b) A 100-120 ºC.
c) A 70-90 ºC.
d) A 160-180 ºC.

65. Los detergentes utilizados para el lavado de ropa son:

a) 100 % naturales y con pH mínimo de 10.
b) Son de origen vegetal y con pH entre 10 y 12.
c) Son de tipo sintético y con pH neutro (6-8).
d) Es indistinto el tipo de detergente, si se lava a la temperatura adecuada.

66. Los principales agentes humectantes del detergente son:

a) Los alcoholes y derivados.
b) Hipoclorito.
c) Carbonatos.
d) Aditivos.

67. ¿Cuál de estas manchas se puede eliminar con benzol?

a) Grasa.
b) Bolígrafo.
c) Chicle.
d) Fruta.

68. ¿Con qué método eliminaría una mancha de café en una prenda de algodón?

a) Vinagre.
b) Benzol.
c) Agua oxigenada.
d) Lejía.

69. ¿Qué remedio es eficaz frente a las manchas de óxido?

a) Limón.
b) Agua oxigenada.
c) Alcohol.
d) Éter.

70. ¿Con qué producto se podrá eliminar una mancha de moho en el tejido?

a) Éter.
b) Perborato.
c) Limón.
d) Vinagre.

71. ¿Con qué limpiaría una mancha de tomate?

a) Lejía.
b) Alcohol.
c) Amoniaco.
d) Acetona.

72. ¿Cómo se recogerá la ropa en el hospital?

a) De forma selectiva.
b) Toda junta.

c) Clasificada por patologías.
d) Separada por usuarios.

73. ¿Con qué se quita la mancha de alquitrán?

a) Acetona.
b) Benzol.
c) Hielo.
d) Glicerina.

74. ¿Qué mancha se quita con hielo?

a) Tinta.
b) Chicle.
c) Laca de uñas.
d) Bolígrafo.

75. ¿Qué es lo primero que se nota por el deterioro de las prendas?

a) Rotura de las fibras.
b) Tacto.
c) Aplastamiento de las fibras.
d) Delgadez de las fibras.

76. ¿Cómo influye la concentración de sales minerales del agua en el lavado de los tejidos?

a) Se da una alta concentración de sales en las aguas blandas, que obstruyen la maquinaria.
b) Una baja concentración de sales indica que el agua es dura, y puede deteriorar la resistencia de los tejidos.
c) Las sales en concentración alta pueden precipitar y acumularse, obstruyendo los conductos de las máquinas, y originando manchas sobre las prendas.
d) Las sales en concentración baja pueden dificultar el lavado de la prenda, reduciendo la eficacia del detergente.

77. ¿Qué producto se puede añadir para paliar los efectos de los iones del agua durante el lavado?

a) Secuestrantes.
b) Ablandecedores.
c) Tamponantes.
d) Neutralizantes.

78. ¿Qué pH indica que una sustancia es neutra?

a) 14.
b) 7.
c) 1.
d) 0.

79. ¿Qué función tiene el uniforme?

a) Facilitar la distinción entre el personal, los pacientes y visitas, y que en general cualquier usuario pueda identificar a un trabajador.
b) Proteger al personal de contagios, y de otros riesgos.
c) Proteger a los pacientes de los microorganismos que el trabajador pudiera llevar desde la calle.
d) Todas las respuestas son correctas.

80. ¿Qué significa el círculo en el cuadrado?

a) Secado natural.
b) Secado en secadora.
c) Planchado.
d) Lavado en seco.

81. El cloro de la lejía actúa como oxidante, ya que disuelto en agua:

a) Forma ácido sulfúrico y libera oxígeno activo.
b) Forma ácido nítrico y libera enzimas.
c) Forma carbonatos y libera citratos.
d) Forma ácido hipocloroso y libera oxígeno activo.

82. La activación del perborato sódico, o liberación de oxígeno, se produce:

a) A 30º, siendo la temperatura óptima entre 40 y 50º.
b) El perborato sódico se activa a cualquier temperatura.
c) A 60º, siendo la temperatura óptima entre 80 y 90º.
d) Se inactiva con el calor

83. El ácido acético:

a) Es un fuerte oxidante por liberación de oxígeno.
b) Actúa como blanqueante óptico de los tejidos.
c) Evita que se formen manchas amarillas en los tejidos por acumulación de cloro.
d) Se utiliza como protector del color durante el lavado.

84. El neutralizado tiene como función:

a) Eliminar restos de cloro y alcalinidad en los tejidos.
b) Mejorar el tacto de la prenda.

c) Neutralizar la tensión superficial del agua.
d) Facilitar el planchado de la prenda.

85. Los productos de lavado deben manipularse adecuadamente; en consecuencia:

a) Solamente se podrán trasvasar a otros envases en lugares suficientemente ventilados.
b) Nunca se trasvasarán a otros envases.
c) Solamente se podrán trasvasar a otros envases cuando se disponga del equipamiento adecuado para ello.
d) Únicamente se podrán trasvasar a otros envases cuando estos tengan una capacidad superior a la presentación de fábrica.

86. Para tratar una mancha de grasa en una prenda de nailon de color verde debemos usar:

a) Agua oxigenada.
b) Talco.
c) Ácido bórico.
d) Acetona.

87. ¿Cuál de los siguientes productos es más apropiado para eliminar las manchas de cal?

a) Glicerina.
b) Acetona.
c) Detergente.
d) Agua con vinagre.

88. El tendido al sol ayuda a completar el blanqueado de la ropa blanca:

a) De poliéster.
b) De nailon.
c) De algodón.
d) De lana.

89. Al tender la ropa debemos:

a) Tender al sol las prendas de colores.
b) Colgar pantalones y faldas por la cintura.
c) Superponer la ropa del mismo color.
d) Colgar las camisas por su mitad.

90. Señale el significado del símbolo de un cuadrado con una línea horizontal que puede encontrar en una etiqueta de una prenda:

a) Limpieza en seco.
b) Colgar en horizontal para secar.

c) Puede secarse en secadora a una temperatura mínima.

d) Colgar en vertical para secar.

91. El símbolo de una tina de agua tachada nos índica que:

a) Un mueble de madera noble no puede mojarse.

b) Existe riesgo de caída por estar el suelo mojado

c) Una prenda textil no debe lavarse.

d) No debe acumularse la solución de un producto de limpieza tóxico.

92. Una cruz de San Andrés superpuesta a cualquiera de los símbolos siguientes, significa que:

a) Una prenda no debe blanquearse al sol pero sí mediante productos químicos.

b) Una prenda sólo debe plancharse a temperatura suave.

c) Una prenda no puede lavarse a máquina.

d) No debe aplicarse a una prenda un proceso de limpieza en seco profesional.

93. Indique cuál de las siguientes prendas plancharía a mayor temperatura:

a) Una camisa de nilón.

b) Un pañuelo de seda.

c) Una sábana de lino.

d) Un jersey de lana.

94. ¿Qué proceso de conservación de los artículos textiles se identifica en su etiqueta con un triángulo?

a) El proceso de secado.

b) El proceso de lavado.

c) El proceso de remojado y centrifugado.

d) El proceso de blanqueo.

95. Una prenda de algodón de color sólido, ¿a qué temperatura máxima de las siguientes se puede lavar?

a) 40°

b) 95°

c) 30°

d) 60°.

96. Según el símbolo de una plancha con dos puntos el planchado debe efectuarse:

a) A una temperatura máxima de 150°.

b) A una temperatura máxima de 120°.

c) A una temperatura máxima de 200°.
d) A una temperatura máxima de 150°, sin vapor

97. ¿Qué ventajas tiene el uso del algodón en la confección de la ropa hospitalaria?

a) Tiene gran poder absorbente, comodidad de uso y es transpirable.
b) No acumula electricidad estática.
c) Es resistente a la rotura y a la abrasión.
d) Todas son correctas.

98. Las fases de lavado de una ropa muy sucia son:

a) Remojo, prelavado, lavado, aclarados y prensado o centrifugado.
b) Prelavado, lavado, aclarados y prensado o centrifugado.
c) Remojo, lavado, aclarados y prensado o centrifugado.
d) Prelavado, lavado, remojos y prensado o centrifugado.

99. ¿Cuál es el Real Decreto relativo al etiquetado de composición de los productos textiles?

a) R.D. 924/97, de 5 de junio.
b) R.D. 928/87, de 5 de junio.
c) R.D. 829/87, de 5 de junio.
d) R.D. 428/78, de 5 de junio.

100. ¿La norma relativa al etiquetado y composición de textiles es de aplicación a?

a) Las empresas dedicadas a la fabricación de textiles.
b) Las empresas dedicadas a la comercialización de textiles.
c) Los productos textiles nacionales.
d) Todas las respuestas son correctas.

101. ¿Cuál de las siguientes expresiones no se puede utilizar delante del nombre de la fibra para denominar productos puros?

a) 100 por 100.
b) Puro.
c) Todo.
d) Único.

102. ¿Qué denominación podrá usarse para el tejido que tiene una cantidad de lana virgen del 30 por 100 del peso total de la mezcla?

a) Lana.
b) Lana virgen.

c) Lana tratada.

d) Mezclilla.

103. ¿Qué producto podrá denominarse "semilino"?

a) Los productos que contengan una urdimbre de algodón puro y una trama en lino puro y cuyo porcentaje de lino no sea inferior al 40 por 100 del peso total de la tela sin encolar.

b) Los productos que contengan un 90 por 100 de lino y que no hayan sido sometidos a tratamientos previos a su comercialización.

c) Los productos que no contengan lana virgen.

d) Los productos que contengan una urdimbre de algodón puro y una trama en lino puro y cuyo porcentaje de lino sea inferior al 40 por 100 del peso total de la tela sin encolar.

104. Los productos textiles importados de países no pertenecientes a la Unión Europea, ¿qué identificación llevarán en la etiqueta?

a) El número de registro industrial del fabricante nacional.

b) El número de identificación fiscal del importador.

c) El nombre del país.

d) El CIF del fabricante.

105. ¿Cómo se etiqueta un producto textil formado por dos partes que no tengan la misma composición?

a) Una etiqueta que indique la composición de la parte mayoritaria del producto.

b) Una etiqueta que indique el contenido en fibras de cada una de las partes.

c) Una etiqueta de la composición global del producto.

d) Está exento de la obligatoriedad de llevar etiqueta.

106. ¿En qué lengua figurará obligatoriamente la inscripción de la etiqueta?

a) Al menos en la lengua española oficial del Estado.

b) Solamente en la lengua española oficial del Estado.

c) Al menos en la lengua propia de la Comunidad fabricante.

d) No hay referencia al respecto en la ley.

107. ¿Cómo será la fijación del etiquetado en los tejidos?

a) El etiquetado será obligatorio en cada pieza.

b) El etiquetado deberá estar tejido en cada pieza, nunca impreso.

c) La etiqueta irá adherida en una zona no visible de la pieza.

d) Todas las respuestas son correctas.

108. ¿Quién ideó un sistema de etiquetado de cuidado internacionalmente aplicable para textiles basado en símbolos?

a) GEDEREX.
b) GINETEX.
c) El Ministerio de Economía.
d) No hay ningún sistema de aplicación internacional.

109. Los números en el símbolo en forma de tina de lavado, ¿qué especifican?

a) Las temperaturas mínimas de lavado en grados centígrados.
b) Las temperaturas de lavado que podrán superarse en cada prenda.
c) Las temperaturas máximas de lavado en grados centígrados.
d) Ninguna respuesta es correcta.

110. ¿Cómo se indica que una prenda no debe lavarse?

a) Con una cruz tachando la tina de lavado,
b) Con una franja debajo de la tina de lavado.
c) Con una cruz debajo de la tina de lavado.
d) Con un círculo en la tina de lavado.

111. ¿Cómo se indica un tratamiento mecánico muy reducido?

a) Con una tina y una cruz.
b) Con una franja bajo la tina.
c) Con doble franja bajo la tina.
d) Con una raya vertical sobre la tina.

112. ¿Qué indica el triángulo con dos líneas oblicuas?

a) Que el blanqueador de oxígeno no está permitido.
b) Que el blanqueador de oxígeno está permitido.
c) Que el cloro está permitido.
d) Que el oxígeno y el cloro para blanqueamiento están permitidos.

113. ¿Cuál es el símbolo del secado?

a) El círculo.
b) El triángulo.
c) El cuadrado.
d) La cruz.

114. ¿Qué símbolo representa un secado plano para textiles resistentes?

a) Cuadrado con una línea vertical.
b) Cuadrado con doble línea vertical.
c) Cuadrado con una línea horizontal.
d) Cuadrado vacío.

Solución al test n.º 11

1. d) Todas las respuestas son correctas.

2. a) En agua fría durante 3-5 minutos.

3. c) Consiste en utilizar agua limpia para disolver los productos de lavado y las suciedades eliminadas.

4. d) Son correctas las respuestas a) y b).

5. c) Es recomendable en todo tipo de tejidos.

6. b) Que puedan desteñir.

7. a) Solo el personal, que dispondrá de ropa de trabajo y equipos de protección individual adecuados.

8. b) El tratamiento con este producto asegura la protección de los tejidos delicados.

9. a) Se limpiarán y desinfectarán en túnel de lavado.

10. a) Estructura vertical.

11. b) Mantener la ropa inicialmente en agua fría durante 3 a 5 minutos, para favorecer la eliminación de las manchas.

12. d) Todas las respuestas son correctas.

13. b) Mediante análisis microbiológicos periódicos.

14. c) Los productos.

15. b) Oxidante.

16. a) Poder humectante, dispersión y suspensión.

17. c) Cloro.

18. a) Protección del color.

19. d) Todos los anteriores.

20. a) Acción bactericida y esporicida de amplio espectro.

21. c) Eliminación de todo tipo de manchas, imperfecciones y arrugas.

22. d) Las respuestas b y c son correctas.

23. b) Aclarado, con expulsión del agua y centrifugado.

24. c) Tras la adición y acción de cada producto.

25. d) Las opciones a y c son correctas.

26. a) Mejor blanqueo.

27. c) Evitar que queden restos de cloro en los tejidos.

28. d) Todas las respuestas son correctas.

29. a) 95 ºC.

30. c) Revoluciones por minuto.

31. a) En seco o en húmedo.

32. d) A 90 ºC durante 15 minutos.

33. b) Se añadirá al agua caliente (80-90 ºC) y actuará durante 15 minutos. Este tratamiento asegura la protección de los tejidos delicados.

34. a) 160 - 180 ºC.

35. c) Un círculo con una W.

36. a) El tambor de la máquina de lavado se llena hasta un 30 % de su capacidad con agua que lleva la dosis correspondiente de detergente.

37. d) La cubeta se llena de agua completamente hasta cubrir la ropa, y realiza movimientos continuados y a velocidad constante.

38. c) Al final del segundo ciclo de lavado, se expulsa el agua y hay un centrifugado corto.

39. d) 200 ºC.

40. c) Vapor.

41. d) Todas son correctas.

42. a) Humectación.

43. a) Lejiado.

44. b) En la fase de lavado.

45. d) En el último aclarado.

46. a) Vapor.

47. b) El blanqueo de los tejidos.

48. d) Todas son correctas.

49. c) 40 ºC.

50. b) Segundos.

51. c) El sistema de ventilación deberá asegurará al menos 60 renovaciones de aire por hora.

52. b) A 30 ºC.

53. a) Se puede aplicar con agua caliente, a 80 ºC o más.

54. c) Configuración en E.

55. d) Todas son correctas.

56. d) Todas son correctas.

57. d) Todas las respuestas son correctas.

58. c) Es protector del color durante el lavado.

59. c) La eliminación de gran parte del agua de las prendas lavadas.

60. b) 60 ºC.

61. a) 40º

62. d) Se inactiva con el calor.

63. b) Durante 15 minutos.

64. d) A 160-180 ºC.

65. c) Son de tipo sintético y con pH neutro (6-8).

66. a) Los alcoholes y derivados.

67. a) Grasa.

68. c) Agua oxigenada.

69. a) Limón.

70. b) Perborato.

71. c) Amoniaco.

72. a) De forma selectiva.

73. b) Benzol.

74. b) Chicle.

75. b) Tacto.

76. c) Las sales en concentración alta pueden precipitar y acumularse, obstruyendo los conductos de las máquinas, y originando manchas sobre las prendas.

77. a) Secuestrantes.

78. b) 7

79. d) Todas las respuestas son correctas.

80. b) Secado en secadora.

81. d) Forma ácido hipocloroso y libera oxígeno activo.

82. c) A 60º, siendo la temperatura óptima entre 80 y 90º.

83. d) Se utiliza como protector del color durante el lavado.

84. a) Eliminar restos de cloro y alcalinidad en los tejidos.

85. b) Nunca se trasvasarán a otros envases.

86. b) Talco.

87. d) Agua con vinagre.

88. c) De algodón.

89. b) Colgar pantalones y faldas por la cintura.

90. b) Colgar en horizontal para secar.

91. c) Una prenda textil no debe lavarse.

92. d) No debe aplicarse a una prenda un proceso de limpieza en seco profesional.

93. c) Una sábana de lino.

94. d) El proceso de blanqueo.

95. d) 60°.

96. a) A una temperatura máxima de 150°.

97. d) Todas son correctas.

98. a) Remojo, prelavado, lavado, aclarados y prensado o centrifugado.

99. b) R.D. 928/87, de 5 de junio.

100. d) Todas las respuestas son correctas.

101. d) Único.

102. b) Lana virgen.

103. a) Los productos que contengan una urdimbre de algodón puro y una trama en lino puro y cuyo porcentaje de lino no sea inferior al 40 por 100 del peso total de la tela sin encolar.

104. b) El número de identificación fiscal del importador.

105. b) Una etiqueta que indique el contenido en fibras de cada una de las partes.

106. a) Al menos en la lengua española oficial del Estado.

107. a) El etiquetado será obligatorio en cada pieza.

108. b) GINETEX.

109. c) Las temperaturas máximas de lavado en grados centígrados.

110. a) Con una cruz tachando la tina de lavado.

111. c) Con doble franja bajo la tina.

112. b) Que el blanqueador de oxígeno está permitido.

113. c) El cuadrado.

114. c) Cuadrado con una línea horizontal.

TEST N.º 12

Limpieza. La limpieza hospitalaria. División de las zonas de limpieza por tipos de riesgo. Zonas de Alto Riesgo. Zonas de Medio Riesgo. Zonas de Bajo Riesgo

1. ¿Cómo contribuye el Servicio de Limpieza a mantener la salud de los pacientes?

a) Reduce la posibilidad de que aparezcan problemas nutricionales.
b) Reduce la posibilidad de transmisión de infecciones provenientes de fuentes inanimadas.
c) Reduce la posibilidad de transmisión de infecciones provenientes de otros pacientes.
d) Reduce la posibilidad de transmisión de infecciones provenientes del personal.

2. ¿Cuál de los siguientes factores favorece la contaminación del ambiente?

a) Las manos de los profesionales de salud en contacto con las superficies.
b) La utilización de técnicas básicas de higiene por los profesionales de la salud.
c) Revestimientos adecuados y de fácil limpieza.
d) Todas las respuestas son correctas.

3. ¿Cómo se define la enfermedad infecciosa?

a) Enfermedad que precisa la participación de un agente causal vivo y exógeno, con una respuesta orgánica y que se puede transmitir.
b) Enfermedad bacteriana con respuesta orgánica y que se puede transmitir.
c) Enfermedad de causa variable, física o biológica, que no puede transmitirse entre dos personas.
d) Ninguna respuesta es correcta.

4. Según los postulados de Koch, ¿cuál de estos requisitos cumplirá un agente causal de una enfermedad infecciosa?

a) Al inocular el microorganismo en un animal susceptible, no se producirá la enfermedad.
b) El microorganismo no dará lugar a respuesta inmune detectable en laboratorio.
c) Siempre se debe encontrar el microorganismo en la enfermedad.
d) No será posible aislar y cultivar al microorganismo desde las lesiones.

5. La interacción agente/huésped en la que existe beneficio para el agente o el huésped, pero sin perjuicio para el otro, ¿cómo se denomina?

a) Simbiosis.
b) Comensalismo.
c) Parasitismo.
d) Infección.

6. ¿A qué se refiere la contagiosidad?

a) Capacidad del agente para extenderse.
b) Capacidad para multiplicarse el agente causal en los tejidos, dando o no lugar en-fermedad.
c) Relación entre el parásito y el huésped.
d) Capacidad del agente causante para salir del huésped.

7. Aquel agente biológico que puede causar una enfermedad grave en el hombre y presenta un serio peligro para los trabajadores, con riesgo de que se propague a la colec-tividad y existiendo generalmente una profilaxis o tratamiento eficaz, ¿de qué grupo es?

a) 1.
b) 2.
c) 3.
d) 4.

8. ¿Cuál de los siguientes es un factor epidemiológico secundario?

a) Reservorio.
b) Edad.
c) Agente causal.
d) Fuente.

9. ¿En cuál de estas infecciones el reservorio es animal?

a) Sarampión.
b) Tétanos.
c) Fiebre Q.
d) Disentería.

10. Cuándo la transmisión de la enfermedad es desde el suelo, ¿de qué tipo es?

a) Directa por contacto.
b) Directa transplacentaria.
c) Por aire.
d) Indirecta.

11. ¿Cómo se define al sujeto sano susceptible?

a) Todo sujeto sano capaz de enfermar.
b) Todo sujeto sano incapaz de enfermar.
c) Sujeto enfermo que no manifiesta síntomas.
d) Primer eslabón de la cadena epidemiológica.

12. ¿Cuál de estas tareas de limpieza se realiza en último lugar?

a) Paredes, rejillas de aire acondicionado y techos.
b) Mobiliario y mamparas.
c) Ventanas y superficies de aluminio y acristaladas.
d) Suelos.

13. En la limpieza, el factor que tiene que ver con el producto a utilizar y la cantidad del mismo a utilizar según su concentración, ¿cuál es?

a) Acción mecánica.
b) Acción química.
c) Tiempo.
d) Temperatura.

14. ¿Qué teoría establece relación entre los cuatro factores que interaccionan para una limpieza eficaz?

a) Teoría de la detergencia.
b) Ciclo de lavado.
c) Círculo de Sinner.
d) Principio de desinfección.

15. ¿Cómo se denomina la limpieza que se realiza en situaciones excepcionales o cuando finaliza un proceso?

a) Normal.
b) General.
c) A fondo.
d) Concreta.

16. ¿Cuál de los siguientes elementos se limpiarán dos veces al día?

a) Borde superior de la puerta.
b) Pasillos.
c) Quirófanos.
d) Suelo de una habitación.

17. ¿Cuántas veces al día se limpia el área de lavado de vajilla en la cocina?

a) 1.
b) 2.
c) 3.
d) 5.

18. ¿Cada cuánto tiempo se hará la limpieza a fondo de la zona de lencería?

a) Cada 7 días.
b) Cada 15 días.
c) Cada mes.
d) Cada año.

19. ¿Cómo se denomina la limpieza de las habitaciones de los pacientes cuando se van de alta?

a) Diaria.
b) Cotidiana.
c) A fondo.
d) Terminal.

20. ¿Qué tipos de desinfección podemos diferenciar?

a) De nivel alto, intermedio y bajo.
b) Final y concomitante.
c) Antisepsia y esterilización.
d) Son correctas las respuestas a y b.

21. ¿Cómo se define la desinfección concurrente?

a) Aquella que se realiza cuando se ha producido el alta del paciente y las circunstancias lo indican.
b) Aquella que se realiza cuando el paciente está ingresado.
c) Aquella que solo es activa frente a virus lipídicos de tamaño medio, bacterias en forma vegetativa y hongos.
d) Todas las respuestas son correctas.

22. ¿A qué temperatura se produce la ebullición?

a) 50 ºC.
b) 65 ºC.
c) 90 ºC.
d) 100 ºC.

23. ¿Cuál es el antiséptico ideal en lactantes y niños pequeños?

a) Clorhexidina.
b) Alcohol etílico.
c) Yodo.
d) Agua oxigenada.

24. ¿Cuál es la concentración más efectiva del alcohol etílico?

a) 30 %.
b) 50 %.
c) 70 %.
d) 90 %.

25. ¿Qué inconveniente tiene el yodo?

a) Irritante, tóxico y mancha.
b) Poco eficaz.
c) No es antiséptico.
d) Todas las respuestas son correctas.

26. ¿Cuál de estas es una ventaja del hipoclorito?

a) Estable.
b) No es tóxico.
c) Barato.
d) Inactivado por materia orgánica.

27. ¿Para qué se utilizan los aldehídos?

a) Para la esterilización de material de goma.
b) Para desinfección de superficies.
c) Como antiséptico para la piel.
d) Todas las respuestas son correctas.

28. ¿En qué técnica de desinfección se empapan las bayetas en una solución y luego se utilizan para fregar?

a) Inmersión.
b) Brumas.
c) Pulverización.
d) Loción.

29. ¿Cuál de los siguientes no es un método húmedo?

a) Fregado con un solo cubo.
b) Sistema rasante.

c) Mopa gasa.

d) Barrido húmedo.

30. ¿Dónde se coloca la prensa para el método de fregado por doble cubo?

a) Sobre el cubo azul.

b) Sobre el cubo rojo.

c) Sobre una cubeta.

d) Dentro de uno de los cubos.

31. ¿Cómo se limpian las rejillas de aire acondicionado?

a) De forma rutinaria sin desmontar.

b) Mediante bayeta húmeda con agua y detergente y/o desinfectante.

c) Cuando proceda, serán desmontadas y se procederá a su limpieza con agua y solución detergente.

d) Todas las respuestas son correctas.

32. ¿Cómo limpiaría una superficie de madera con poros?

a) Realizar en primer lugar la limpieza con jabón y detergente en la superficie a ser desinfectada, con la ayuda de la mopa. Enjuagar y secar.

b) Mopa con paño humedecido en agua. Cada mes, encerar con cera adecuada para suelos mediante máquina.

c) Quitar el polvo previamente con una bayeta humedecida en agua y casi seca. A continuación un preparado a base de cera.

d) Limpiar en seco.

33. ¿Cómo se limpia un colchón?

a) Con agua y detergente.

b) Con agua y jabón, y después se da una capa de aceite.

c) Con agua, detergente y lejía en dilución 1:50.

d) No se puede lavar el colchón por ser textil.

34. ¿Cómo se definen las zonas críticas o de alto riesgo hospitalario?

a) Aquellas zonas hospitalarias, que por el tipo de actividad están libres de la presencia de patógenos.

b) Aquellas zonas hospitalarias donde la concentración de placas patógenas es baja y es necesario realizar limpieza diaria.

c) Aquellas zonas hospitalarias donde por el tipo de asistencia, actividad o riesgo, la concentración de placas patógenas es alta, y donde es necesaria una mayor incidencia en la limpieza.

d) Todas las anteriores son zonas críticas.

35. ¿Con qué frecuencia se limpiarán los pomos de las puertas?

a) Diaria.
b) Semanal.
c) Mensual.
d) Trimestral

36. ¿Cuál de los siguientes pertenece a la zona limpia del área quirúrgica?

a) Pasillo sucio.
b) Locales anexos.
c) Sala de operaciones.
d) Todas las respuestas son correctas.

37. ¿En el área quirúrgica, por qué zonas se comenzará a limpiar?

a) Por las limpias.
b) Por las sucias.
c) Por las zonas que se han usado en último lugar.
d) Por las zonas más externas.

38. ¿Cuál es la primera área de limpieza a realizar antes de la intervención?

a) Suspensión de la lámpara cialitica y limpieza de la misma.
b) Mesa de operaciones y zócalo.
c) Todas las superficies donde se vaya a colocar material.
d) Fregado del suelo.

39. Entre intervenciones, ¿cómo se limpia el suelo?

a) Se hará barrido húmedo.
b) Se fregará con sistema de doble cubo.
c) En primer lugar a) y en segundo b).
d) Entre intervenciones no se limpia el suelo.

40. ¿Cómo será la limpieza de quirófano al final de las intervenciones del día?

a) Igual que al inicio de la jornada.
b) Igual que entre intervenciones.
c) En profundidad, moviendo todas las estructuras.
d) Se deja la limpieza para el día siguiente antes de comenzar.

41. ¿Con qué periodicidad se limpiarán los poyetes de las ventanas en el área quirúrgica?

a) Semanalmente.
b) Quincenalmente.

c) Mensualmente.
d) Anualmente.

42. ¿Cuál de estos espacios forma parte del área de hospitalización?

a) Habitación de pacientes.
b) Puesto de control de enfermería.
c) Zona sucia.
d) Todas las respuestas son correctas.

43. ¿Qué utilidad tiene la zona polivalente de personal?

a) Gestión y supervisión del área.
b) Espacio para sesiones clínicas y organización del servicio.
c) Es un espacio utilizado para el registro de datos asistenciales, elaboración de órdenes médicas, etc.
d) Descanso del personal.

44. ¿En qué turno se limpian las habitaciones ocupadas?

a) Mañana.
b) Tarde.
c) Noche.
d) Se reparten por turnos.

45. ¿Cuándo se hace la limpieza de la sala de curas?

a) Tres veces al día y cuando sea necesario, dentro del horario de funcionamiento del centro.
b) Dos veces al día y cuando será necesario dentro del horario de funcionamiento del centro.
c) Una vez al día y cuando sea necesario, dentro del horario de funcionamiento del centro.
d) Semanalmente.

46. ¿En qué sentido se hará el arrastre de la suciedad?

a) De abajo a arriba.
b) De fuera hacia dentro.
c) De lo más limpio a lo más sucio.
d) Todas las respuestas son correctas.

47. ¿Qué elemento del baño se limpiará primero?

a) Espejo.
b) Lavabo.

c) Ducha.
d) Inodoro.

48. ¿Qué elemento del mobiliario se limpia antes?

a) Mesa.
b) Silla.
c) Cama.
d) Manilla de la puerta.

49. Por regla general, si se han de limpiar los siguientes elementos, se empezará por:

a) Ventanas.
b) Suelos.
c) Mamparas.
d) Techos.

50.¿Cuáles son los factores de la teoría del círculo de Sinner?

a) Acción mecánica, acción química y tiempo.
b) Acción química, tiempo y temperatura.
c) Acción mecánica, acción química, tiempo y temperatura.
d) Acción mecánica, acción química, tiempo y humedad.

Solución al test n.º 12

1. b) Reduce la posibilidad de transmisión de infecciones provenientes de fuentes inanimadas.

2. a) Las manos de los profesionales de salud en contacto con las superficies.

3. a) Enfermedad que precisa la participación de un agente causal vivo y exógeno, con una respuesta orgánica y que se puede transmitir.

4. c) Siempre se debe encontrar el microorganismo en la enfermedad.

5. b) Comensalismo.

6. a) Capacidad del agente para extenderse.

7. c) 3.

8. b) Edad.

9. c) Fiebre Q.

10. d) Indirecta.

11. a) Todo sujeto sano capaz de enfermar.

12. d) Suelos.

13. b) Acción química.

14. c) Círculo de Sinner.

15. d) Concreta.

16. b) Pasillos.

17. c) 3.

18. b) Cada 15 días.

19 d) Terminal.

20. d) Son correctas las respuestas a y b.

21. b) Aquella que se realiza cuando el paciente está ingresado.

22. d) 100 ºC.

23. a) Clorhexidina.

24. c) 70 %.

25. a) Irritante, tóxico y mancha.

26. c) Barato.

27. a) Para la esterilización de material de goma.

28. d) Loción.

29. c) Mopa gasa.

30. b) Sobre el cubo rojo.

31. d) Todas las respuestas son correctas.

32. c) Quitar el polvo previamente con una bayeta humedecida en agua y casi seca. A continuación un preparado a base de cera.

33. c) Con agua, detergente y lejía en dilución 1:50.

34. c) Aquellas zonas hospitalarias donde por el tipo de asistencia, actividad o riesgo, la concentración de placas patógenas es alta, y donde es necesaria una mayor incidencia en la limpieza.

35. a) Diaria.

36. c) Sala de operaciones.

37. a) Por las limpias.

38. a) Suspensión de la lámpara cialitica y limpieza de la misma.

39. c) En primer lugar a) y en segundo b).

40. c) En profundidad, moviendo todas las estructuras.

41. a) Semanalmente.

42. d) Todas las respuestas son correctas.

43. d) Descanso del personal.

44. a) Mañana.

45. a) Tres veces al día y cuando sea necesario, dentro del horario de funcionamiento del centro.

46. c) De lo más limpio a lo más sucio.

47. a) Espejo.

48. c) Cama.

49. d) Techos.

50. c) Acción mecánica, acción química, tiempo y temperatura.

TEST N.º 13

**Limpieza. Técnicas de limpieza: círculo de «Sinner».
Limpieza de suelos: tipos de pavimentos y sus formas de limpieza.
Acristalados y encerados. Limpieza de mobiliario.
Limpieza de sanitarios. Limpieza de cristales. Productos de limpieza:
(Precauciones, indicaciones de uso según el tipo, y características
de los mismos así como del tipo suciedad a eliminar)**

1. ¿Qué objetivos persigue la limpieza?

a) Eliminar cualquier suciedad que estropee la estética.
b) Mantener las condiciones higiénicas sin deteriorar las superficies.
c) Contribuir a los accidentes y a las enfermedades profesionales.
d) Todas las respuestas son correctas.

2. ¿Qué representa el círculo de Sinner?

a) El equilibrio entre cuatro factores: temperatura, tiempo, acción mecánica y acción química.
b) La relación que existe entre el uso de maquinaria, aplicación de productos, y tiempo dedicado al trabajo.
c) Ambas respuestas son correctas.
d) Ambas respuestas son falsas.

3. ¿Cuáles de los siguientes suelos no es duro?

a) Gres.
b) Mármol.
c) Madera.
d) Baldosas cerámicas.

4. ¿Qué tipo de tratamiento se puede dar a los suelos plásticos para protegerlos?

a) Cristalización.
b) Vitrificado.

c) Aplicación de film.
d) Decapado.

5. ¿Qué tipo de suciedad constituyen las grasas?

a) Emulsionables.
b) Solubles en agua.
c) Orgánicas solubles.
d) Inorgánicas insolubles.

6. ¿Qué afirmación es cierta sobre los productos de limpieza usados en un centro?

a) Se recomienda el uso de desinfectantes de alto nivel (amplio espectro) para desinfectar instrumentos no críticos, ni superficies.
b) Se recomienda la utilización de aldehídos para la desinfección de superficies, dada su toxicidad.
c) Se usarán desinfectantes fenólicos en pediatría.
d) En la elección de los detergentes y desinfectantes se ha de tener siempre en cuenta la compatibilidad con el material a desinfectar y las posibilidades de utilización segura.

7. ¿Qué productos se incluyen entre los detergentes?

a) Productos cuya finalidad principal es el lavado.
b) Producto cuya finalidad principal es la limpieza y mantenimiento de objetos.
c) Productos cuya finalidad principal es la desinfección.
d) Todos estos están incluidos en la denominación de detergente.

8. ¿Qué es la detergencia?

a) La propiedad de mojar.
b) La capacidad de romper una suciedad compacta.
c) La capacidad de disolver la suciedad.
d) El poder humectante de un producto.

9. ¿Qué función tienen los reforzantes en el detergente?

a) Mejorar ciertas propiedades características de los componentes fundamentales.
b) Aportan propiedades adicionales a la acción específica de la limpieza.
c) Logran el tipo de presentación y concentración deseadas de un detergente o un limpiador.
d) Aportan propiedades particulares a las de los componentes fundamentales en la acción específica de la limpieza.

10. ¿Cómo se denomina la parte activa de un detergente?

a) Humectante.
b) Tensioactivo.

c) Coadyuvante.
d) Carga.

11. ¿Qué grupo liposoluble forma parte de un detergente aniónico?

a) Base.
b) Proteína.
c) Sustancia inorgánica.
d) Acido orgánico.

12. ¿Cuál de las siguientes descripciones corresponde a un biocida?

a) Productos que se destinan específicamente a la desinfección de productos sanitarios.
b) Antisépticos para piel sana.
c) Desinfectantes que se destinan a aplicarse en piel dañada
d) Todas las respuestas son correctas.

13. Los desinfectantes que no eliminan necesariamente las esporas bacterianas, pero inactivan bacterias vegetativas, hongos, virus y en tiempos y concentraciones elevadas micobacterias, ¿de qué nivel son?

a) Bajo.
b) Intermedio.
c) Alto.
d) Crítico.

14. ¿En qué grupo estaría la lejía?

a) Fenoles.
b) Aldehídos.
c) Alcoholes
d) Compuestos halogenados.

15. ¿Cómo se diluirán los aldehídos para su uso como desinfectantes?

a) En agua fría.
b) En agua caliente.
c) En alcohol.
d) Se usan puros.

16. ¿Qué medida es adecuada para evitar la formación de cepas resistentes?

a) Rotar el uso de detergentes con el de desinfectantes.
b) No usar desinfectantes.
c) Rotar el uso de agentes desinfectantes diferentes.
d) No usar detergentes con tensioactivos aniónicos.

17. La destrucción de todos los microorganismos contenidos en una parte u objeto cualquiera por medios físicos (calor, presión, radiaciones, etc.) o químicos (antisépticos) se denomina:

a) Desinfección.
b) Esterilización.
c) Descontaminación.
d) Asepsia.

18. El proceso por el que se eliminan o reducen a un nivel tolerable los microorganismos presentes en las superficies, se denomina:

a) Limpieza.
b) Desinfección.
c) Aclarado.
d) Ionización.

19. ¿Deben tener el mismo tratamiento y cuidados un mueble de madera natural y otro de melamina chapado?

a) Sí, porque ambos tienen una capa final de madera.
b) No.
c) Solamente si el de madera natural es de una madera "blanda".
d) Sí, porque ambos deben limpiarse con los mismos productos

20. De entre los siguientes tipos de pavimentos, señale cuáles se corresponden con la siguiente clasificación de los tipos de suelos: medio - duro - blando:

a) Suelo de abeto - suelo de gres esmaltado -moqueta.
b) Linóleo - mármol - suelo de pino.
c) Suelo de cerámica - suelo de pizarra - corcho.
d) Suelo de porcelana - suelo de hormigón - alfombra.

21. Señale la respuesta correcta en relación con las características de los suelos de goma:

a) Es muy deslizante.
b) No es muy resistente.
c) Rechaza las bacterias, lo que le hace ser un suelo higiénico.
d) Es un mal aislante térmico y acústico.

22. Para realizar un tratamiento especial de cristalizado sobre un suelo duro utilizaremos:

a) Una vaporosa.
b) Una máquina de detergente espumoso.

c) Una abrillantadora.
d) Una fregadora-secadora.

23. ¿Con qué producto se deben fregar los suelos de terrazo?

a) Con lejía diluida en agua en una proporción de 1 de lejía por 5 de agua.
b) Con un detergente con pH neutro.
c) Con detergentes que contengan sosa cáustica para absorber las manchas.
d) Con una solución de agua con vinagre y limón.

24. ¿Puede usarse el barrido húmedo para la limpieza de suelos de madera?

a) No.
b) Solamente si se trata de suelos de roble.
c) Es preferible evitarlo ya que el agua estropea la madera.
d) Sí.

25. En la limpieza de equipos de oficina (ordenadores personales, fotocopiad ras, etc.), ¿debe limpiarse su interior por parte del personal de limpieza?

a) Sí, pero deben desconectarse de la red eléctrica primero.
b) No, ya que de esa tarea se ocupan los correspondientes profesionales.
c) Sí, pero no de forma diaria sino semestral.
d) No, salvo en el caso de los contenedores de tóner de las fotocopiadoras.

26. ¿Cómo debe limpiarse una huella de dedos en la pantalla TFT de un ordenador personal?

a) Con una esponja humedecida en alcohol.
b) Con un trapo impregnado en detergente neutro sin diluir.
c) Con un trapo suave ligeramente humedecido en agua.
d) Con un trapo impregnado de un producto antigrasa.

27. Para evitar que haya humedad dentro de los armarios y, por consiguiente, que se deteriore la madera, se puede:

a) Colocar trocitos de tiza o bolsitas de tela llenas de arroz.
b) Colocar bolas de naftalina.
c) Frotar enérgicamente las esquinas y fondos de los cajones con petróleo o esencia de trementina.
d) Utilizar en su limpieza un limpiador jabonoso.

28. Si queremos desinfectar un armario y eliminar las plagas de insectos que tenga en su interior:

a) Será suficiente con colocar bolas de naftalina distribuidas por el armario.
b) Se desinfectará fácilmente limpiándolo con lejía.

c) Podemos frotar enérgicamente las esquinas y fondos de los cajones con petróleo o esencia de trementina.

d) Podemos pasar un paño húmedo empapado de amoniaco por los cajones.

29. En relación con los muebles tapizados en cuero señale la respuesta correcta:

a) Las altas temperaturas estimulan la secreción de grasa natural que contribuye a su mejor hidratación y mantenimiento.

b) El calor en exceso los reseca pudiendo provocar grietas o estrías.

c) Su exposición al sol tras aplicarles una capa nutritiva contribuye a mantener la piel más fina, flexible y brillante.

d) Un ambiente excesivamente húmedo les puede provocar grietas o estrías.

30. Indique la opción correcta para la eliminación de manchas en los suelos de moqueta:

a) Debe utilizarse una fregona mojada, para empapar bien la mancha.

b) Debe utilizarse un champú alcalino, para evitar la decoloración.

c) Debe utilizarse una bayeta húmeda.

d) Debe utilizarse un cepillo de cerdas duras.

31. ¿Cuántas veces se limpian los aseos públicos?

a) Una.

b) Diaria.

c) Dos.

d) Cuantas sea necesario en función de la ocupación.

32. ¿Qué es lo primero que se limpia en el aseo?

a) Lavabo.

b) Bidé.

c) Bañera.

d) Inodoro.

33. ¿Qué tipos de aseos públicos podemos encontrar?

a) Para mujeres.

b) Para hombres.

c) Para personas con discapacidad.

d) Todas las respuestas son correctas.

34. ¿A qué altura estará e lavabo en un aseo para personas con discapacidad?

a) 50 cm.

b) 70 cm.

c) 90 cm.
d) 1 m.

35. ¿Cuál de estas características corresponde a un aseo de personas con discapacidad?

a) Lavabo a altura de 90 cm., sin pie ni mueble, que permita el acercamiento y uso con silla de ruedas.
b) Grifos de accionamiento por giro.
c) Barras de apoyo a altura adecuada ancladas firmemente junto al inodoro.
d) Papel higiénico y accesorios cercanos al suelo.

36. ¿Qué es correcto sobre la limpieza de urinarios?

a) Se realizará de la misma forma que la limpieza de inodoros.
b) Es conveniente que la solución permanezca en el interior del urinario durante unos minutos.
c) Para la suciedad mineral se utilizará detergente ácido y después se tirará de la cadena.
d) Todas las respuestas son correctas.

37. ¿Cómo se realizará la limpieza de cuartos de baños y aseos?

a) En húmedo.
b) Realizando limpieza y desinfección simultáneamente.
c) Se fregará el suelo con el sistema de doble cubo.
d) Todas las respuestas son correctas.

38. ¿Qué característica de las siguientes tendrá un buen desinfectante?

a) Altamente soluble.
b) De olor desagradable.
c) No inocuo para la colectividad.
d) Corrosivo.

39. La limpieza de servicios:

a) Debe ser meticulosa.
b) Requiere el uso de guantes.
c) No es importante.
d) Son correctas la a y la b.

40. La suciedad grasa o materia orgánica:

a) Es la suciedad diaria.
b) Requiere el uso de solución de detergente neutro.
c) Es así como se llama al sarro y óxido.
d) Son correctas la a y la b.

41. En limpieza de servicios hay que tener en cuenta:

a) Limpiar de lo menos sucio a lo más sucio para evitar contaminaciones.
b) Utilizar muchos productos.
c) Preocuparse únicamente del suelo.
d) Ninguna es correcta.

42. En los servicios se debe:

a) Reponer el papel higiénico, jabón, toallas,...
b) Vaciar papeleras.
c) Dejar correr el agua de los urinarios...
d) Todas son correctas.

43. El detergente ácido:

a) Se empleará para quitar la suciedad de diario.
b) Sólo sirve para eliminar el óxido, sarro, cal,...
c) Se utilizará después de haber limpiado.
d) Son correctas la b) y la c).

44. Las paredes lavables:

a) Se lavarán con agua y detergente neutro.
b) Se lavarán con agua y detergente ácido.
c) Se deberá eliminar el polvo de las mismas una vez al mes.
d) Todas son correctas.

45. El código estándar de limpieza de tapizados "X", indica, entre otras cosas, que:

a) Las áreas sucias pueden limpiarse con productos disolventes suaves.
b) Las áreas sucias pueden limpiarse usando sólo la espuma de un agente limpiador a base de agua o un champú para tapizados.
c) Las áreas sucias pueden limpiarse con productos disolventes suaves, la espuma de un agente limpiador a base de agua o un champú para tapizados.
d) Las áreas sucias no pueden limpiarse con productos disolventes suaves, la espuma de un agente limpiador a base de agua o un champú para tapizados.

46. ¿Qué utensilio de los siguientes utilizaremos para quitar suciedad pegada a los cristales que es difícil de eliminar?

a) Un cepillo aspirante.
b) Un limpiacristales o rastrillo.
c) Un estropajo.
d) Un rasca-vidrios.

47. En la limpieza de cristales, indique cuál de las siguientes afirmaciones es incorrecta:

a) Los cristales deben limpiarse cuando les da el sol con el objeto de ver mejor las manchas.
b) Los cristales deben limpiarse de arriba hacia abajo.
c) Las manchas de insectos podemos eliminarlas más fácilmente con alcohol de quemar.
d) Cuando limpiemos cristales grandes lo haremos más fácilmente si utilizamos cepillos montados con tubos enlazados.

48. A la hora de eliminar la suciedad de los cristales, hay que tener en cuenta que:

a) Las manchas de pintura las quitaremos fácilmente con alcohol de quemar.
b) Los limpiaremos siempre de abajo hacia arriba.
c) Las manchas producidas por los insectos las eliminaremos con esencia de trementina.
d) Procuraremos no limpiarlos cuando el sol se refleje en ellos.

49. Indique cuál de las siguientes tareas de limpieza deben efectuarse de forma diaria:

a) Limpieza de ventanales y cristales interiores y exteriores en su totalidad.
b) Limpieza de repisas interiores de ventanas, así como el alfeizar.
c) Recogida y limpieza de papeleras.
d) Limpieza de alicatados de aseos en su totalidad

50. ¿Cuál de las siguientes acciones realizaría primero a la hora de limpiar una habitación ubicada en una dependencia pública después de comprobar que se encuentra vacía?

a) Limpiar los cristales.
b) Barrer el suelo.
c) Limpiar las lámparas y bombillas.
d) Abrir las ventanas y puertas para ventilar la habitación.

51. En la limpieza de paredes, el detergente alcalino se usará en proporción:

a) No superior al 1 % para limpieza de paredes con grasa.
b) No superior al 2 % para limpieza de paredes con grasa.
c) No superior al 3 % para limpieza de paredes con grasa.
d) No superior al 2 % para limpieza de paredes sin grasa.

52. Para el mantenimiento de textiles en paredes se usará:

a) Percloroetileno.
b) Amoniaco.
c) Champú para limpieza de textiles.
d) Las opciones a y c son correctas.

53. Señala la afirmación incorrecta en relación con el mantenimiento de las paredes de madera:

a) El agua deteriora la madera, por tanto, evitaremos mojarla.

b) Se pulveriza el mop-sec con producto capta-polvo al menos 10 minutos antes de su utilización.

c) Se procede a pasar el mop-sec por la madera para quitar el polvo.

d) Si quedara alguna mancha, se humedecerá una bayeta y se procederá a quitarlas manualmente.

54. ¿Cómo se eliminan las mancha del roce de las suelas de los zapatos en la pared no lavable?

a) Con agua y jabón.

b) Con una cuchilla.

c) Con goma de borrar.

d) Con lejía.

55. ¿Cómo se limpiarán las paredes empapeladas?

a) Se deberá eliminar el polvo de las mismas una vez al mes.

b) Se limpiarán diariamente con agua y jabón.

c) Se lavarán una vez al mes con un producto para textil en seco.

d) No se limpian.

56. ¿Para la limpieza de acero en puertas qué tipo de bayeta utilizaremos?

a) Bayeta suave de limpieza.

b) Bayeta azul.

c) Es indiferente.

d) No se utiliza bayeta.

57. ¿Cuándo se limpiarán los zócalos?

a) Antes de la pared.

b) Después de la pared.

c) Después del suelo.

d) A la vez que el suelo.

58. ¿Con qué se quitan las manchas de la pintura plástica en una pared?

a) Con agua.

b) En seco.

c) Con trementina.

d) Con percloroetileno.

59. ¿Cómo limpiaría un elemento de acero en una puerta?

a) Con agua y unas gotas de lejía.
b) Con jabón natural disuelto en agua caliente.
c) Con amoniaco.
d) Con un paño seco.

60. ¿Qué método utilizaría para eliminar manchas de una pared textil?

a) Frotación.
b) Arrastre.
c) Abrasión.
d) Tamponación.

61. ¿Qué utilizaría para limpiar manualmente un techo?

a) Mopa húmeda.
b) Bomba de aspiración.
c) Hidrolimpiadora.
c) Plumero.

62. ¿Con qué se limpiaría el sistema de detección de alarmas?

a) Con agua y jabón.
b) Con aire a presión.
c) Con desinfectante.
d) Con plumero.

63. ¿Qué orden de limpieza es correcto?

a) Techo, pared, suelo.
b) Techo, suelo, pared.
c) Pared, techo, suelo.
d) Suelo, pared, techo.

64. La cristalización:

a) Es el tratamiento idóneo para piedras porosas y calcáreas.
b) Se aplica con fregona industrial.
c) Se aplica con máquina de chorro de arena.
d) Son correctas la a y la c.

65. El decapado:

a) Es la operación de limpieza que se debe realizar después de cristalizar.
b) También se denomina fregado fino.

c) Se realiza con producto decapante.
d) Todas son correctas.

66. Las emulsiones:

a) Son el tratamiento idóneo de suelos de mármol.
b) Se pueden aplicar sobre suelos de madera.
c) Son ceras plásticas en base agua.
d) Todas son correctas.

67. Las emulsiones:

a) Se deben aplicar en capas finas.
b) Hay que aplicar al menos dos capas.
c) Se puede pasar por ellas máquina de alta velocidad.
d) Todas son correctas.

68. Para cristalizar:

a) Utilizaremos productos que contengan fluosilicatos.
b) Sólo aplicaremos fluosilicatos con ceras.
c) Se cristaliza con decapantes.
d) Ninguna es correcta.

69. Las emulsiones se pueden aplicar:

a) Con fregona industrial.
b) Con aplicador.
c) Con máquinas de alta velocidad.
d) Todas son correctas.

70. Los suelos de linóleo:

a) Son suelos duros.
b) Son suelos sensibles a los productos alcalinos.
c) Son suelos porosos.
d) Son correctas la b y la c.

71. El granito:

a) Es un suelo duro.
b) No es poroso.
c) No cristaliza.
d) Todas son correctas.

72. Los suelos de goma:

a) Se pueden tratar con emulsiones.
b) Son suelos blandos.
c) Su mejor mantenimiento es con máquinas de alta velocidad (método spray).
d) Todas son correctas.

73. La madera y el corcho:

a) Se deberán fregar a diario con agua y detergente neutro.
b) Lo que más les daña es el agua.
c) Se deberán cristalizar.
d) Son suelos no porosos.

74. Las alfombras y textiles:

a) Son suelos porosos en tres dimensiones.
b) Lo que más les daña es el polvo.
c) Se deben aspirar a diario.
d) Todas son correctas.

75. Los métodos para fregado de moquetas son:

a) Inyección-extracción.
b) Champuneado.
c) Aspirado.
d) Todas son correctas.

76. Las áreas administrativas en general disponen de:

a) Ordenadores, teléfonos, fax, etc.
b) Material de cocina.
c) Electrodomésticos domésticos y alfombras.
d) Todas son correctas.

77. Para limpiar las pantallas de los ordenadores:

a) Deberán estar apagados y desconectados.
b) Deberán emplearse productos desinfectantes ácidos.
c) Se limpiaran con agua y lejía diluida.
d) Todas son correctas.

78. El fregado de suelos se realiza:

a) Con carro mopa de un cubo.
b) Con carro mopa de doble cubo.

c) Con fregadoras.
d) Todas son correctas.

79. Los cristales serán objeto de limpieza:

a) Una vez cada tres meses.
b) Una vez al año.
c) Una vez cada dos meses.
d) Dos veces al mes.

80. ¿Con qué se lavarán los colchones?

a) Con agua y amoniaco.
b) Con agua, detergente y lejía en dilución 1:50.
c) Con champú de limpieza en seco.
d) Con paño seco.

81. ¿Cómo se limpian las rejillas?

a) De forma rutinaria sin desmontar.
b) Con agua y detergente y desinfectante.
c) Periódicamente se desmontarán para su limpieza
d) Todas las respuestas son correctas.

82. ¿En qué posición se colocará el limpiacristales sobre la superficie del cristal para comenzar limpiar?

a) Horizontal.
b) Vertical.
c) Ligeramente inclinado a la derecha.
d) Es indiferente.

83. ¿Cómo se eliminan las marcas de gotas de agua del espejo del baño?

a) Con agua y jabón.
b) Con agua solo.
c) Con agua y unas gotas de vinagre.
d) Con lejía.

84. ¿Para eliminar la suciedad mineral del suelo?

a) Un detergente alcalino o básico.
b) Un detergente natural.
c) Un detergente neutro.
d) Un detergente ácido.

85. ¿Con que producto se limpian los espejos?

a) Con lejía.
b) Con agua y jabón.
c) Con bicarbonato.
d) Un detergente ácido.

86. El código estándar de limpieza de tapizados "S", indica, entre otras cosas, que

a) Se recomienda el aspirado frecuente o cepillado ligero para remover el polvo.
b) Para las áreas sucias se usará espuma a base de agua o champú para tapizados que no sea disolvente, aplicada con cepillo suave en movimientos circulares.
c) El tapizado se limpiará solamente con la aspiradora o cepillando ligeramente para evitar la acumulación de suciedad.
d) Todas son correctas.

87. ¿Cómo se limpiaran los colchones?

a) Se lavarán con agua, detergente y sin lejía.
b) Se lavarán con agua, detergente y lejía en dilución 1:50.
c) Se lavarán con agua, detergente y lejía en dilución 1:10.
d) Mediante bayeta húmeda con agua y detergente.

88. La limpieza de rutina de las carcasas de las luminarias y los interruptores se realizará:

a) Con bayeta húmeda.
b) Con bayeta seca.
c) Con paño de lino.
d) Con estropajo.

89. ¿Cómo se limpia el bronce cuando está muy sucio?

a) Con un cepillo muy suave, impregnado de petróleo, se cepilla suavemente toda la superficie del objeto.
b) Se llena un recipiente con vinagre de vino lo suficientemente grande para que quepa dentro el objeto que se vaya a limpiar.
c) Se deberá limpiar con una bayeta de tela sin tejer humedecida en solución de detergente neutro.
d) Con una esponja humedecida en alcohol.

90. ¿Qué es el alabastro?

a) Un mineral.
b) Un metal.

c) Un tipo de cera.

d) Una fibra de origen vegetal.

91. ¿Cómo se limpia una superficie de madera porosa?

a) Con una mopa con paño humedecido en agua.

b) Quitar el polvo previamente con una bayeta humedecida en agua casi seca. A continuación un preparado a base de cera.

c) Con una bayeta humedecida en una dilución baja de detergente aniónico más agua.

d) Con un paño suave humedecido en agua caliente y jabonosa.

92. ¿Cómo se limpian las velas que se han deteriorado por el polvo?

a) Se limpiará introduciendo las velas en aceite.

b) Se limpiará introduciendo las velas en vinagre.

c) Se limpiará introduciendo las velas en agua jabonosa muy fría.

d) Se limpiará introduciendo las velas en agua caliente.

93. ¿Cómo se puede eliminar una mancha de oxido?

a) Con un paño humedecido con una solución de citrato sódico al 1 %.

b) Con un paño humedecido con una solución de citrato sódico al 10 %.

c) Con un paño humedecido con una solución de citrato sódico al 20 %.

d) Con un paño humedecido con una solución de citrato sódico al 50 %.

94. ¿Cómo se eliminan las suciedades no adheridas en un mueble tapizado?

a) Con agua y jabón.

b) Con bencina.

c) Con aspiradora.

d) Con crema hidratante para piel.

95. ¿Qué indica la letra «W», en la etiqueta de limpieza de un mueble tapizado?

a) Se puede lavar con agua.

b) Se debe lavar en seco.

c) Se limpiará con disolvente suave.

d) No se pueden utilizar limpiadores a base de agua ni disolventes.

Solución al test n.º 13

1. b) Mantener las condiciones higiénicas sin deteriorar las superficies.

2. a) El equilibrio entre cuatro factores: temperatura, tiempo, acción mecánica y acción química.

3. c) Madera.

4. c) Aplicación de film.

5. a) Emulsionables.

6. d) En la elección de los detergentes y desinfectantes se ha de tener siempre en cuenta la compatibilidad con el material a desinfectar y las posibilidades de utilización segura.

7. a) Productos cuya finalidad principal es el lavado.

8. c) La capacidad de disolver la suciedad.

9. a) Mejorar ciertas propiedades características de los componentes fundamentales.

10. b) Tensioactivo.

11. d) Acido orgánico.

12. b) Antisépticos para piel sana.

13. b) Intermedio.

14. d) Compuestos halogenados.

15. a) En agua fría.

16. c) Rotar el uso de agentes desinfectantes diferentes.

17. b) Esterilización.

18. b) Desinfección.

19. b) No.

20. a) Suelo de abeto - suelo de gres esmaltado -moqueta.

21. c) Rechaza las bacterias, lo que le hace ser un suelo higiénico.

22. c) Una abrillantadora.

23. b) Con un detergente con pH neutro.

24. d) Sí.

25. b) No, ya que de esa tarea se ocupan los correspondientes profesionales.

26. c) Con un trapo suave ligeramente humedecido en agua.

27. a) Colocar trocitos de tiza o bolsitas de tela llenas de arroz.

28. b) Se desinfectará fácilmente limpiándolo con lejía.

29. b) El calor en exceso los reseca pudiendo provocar grietas o estrías.

30. c) Debe utilizarse una bayeta húmeda.

31. d) Cuantas sea necesario en función de la ocupación.

32. a) Lavabo.

33. d) Todas las respuestas son correctas.

34. b) 70 cm.

35. c) Barras de apoyo a altura adecuada ancladas firmemente junto al inodoro.

36. d) Todas las respuestas son correctas.

37. d) Todas las respuestas son correctas.

38. a) Altamente soluble.

39. d) Son correctas la a) y la b).

40. d) Son correctas la a) y la b).

41. a) Limpiar de lo menos sucio a lo más sucio para evitar contaminaciones.

42. d) Todas son correctas.

43. d) Son correctas la b) y la c).

44. a) Se lavarán con agua y detergente neutro.

45. d) Las áreas sucias no pueden limpiarse con productos disolventes suaves, la espuma de un agente limpiador a base de agua o un champú para tapizados.

46. d) Un rasca-vidrios.

47. a) Los cristales deben limpiarse cuando les da el sol con el objeto de ver mejor las manchas.

48. d) Procuraremos no limpiarlos cuando el sol se refleje en ellos.

49. c) Recogida y limpieza de papeleras.

50. d) Abrir las ventanas y puertas para ventilar la habitación.

51. b) No superior al 2 % para limpieza de paredes con grasa.

52. d) Las opciones a y c son correctas.

53. b) Se pulveriza el mop-sec con producto capta-polvo al menos 10 minutos antes de su utilización.

54. c) Con goma de borrar.

55. a) Se deberá eliminar el polvo de las mismas una vez al mes.

56. a) Bayeta suave de limpieza.

57. b) Después de la pared.

58. a) Con agua.

59. b) Con jabón natural disuelto en agua caliente.

60. d) Tamponación.

61. a) Mopa húmeda.

62. b) Con aire a presión.

63. a) Techo, pared, suelo.

64. a) Es el tratamiento idóneo para piedras porosas y calcáreas.

65. c) Se realiza con producto decapante.

66. c) Son ceras plásticas en base agua.

67. d) Todas son correctas.

68. a) Utilizaremos productos que contengan fluosilicatos.

69. d) Todas son correctas.

70. b) Son suelos sensibles a los productos alcalinos.

71. a) Es un suelo duro.

72. d) Todas son correctas.

73. b) Lo que más les daña es el agua.

74. b) Lo que más les daña es el polvo.

75. d) Todas son correctas.

76. a) Ordenadores, teléfonos, fax, etc.

77. a) Deberán estar apagados y desconectados.

78. d) Todas son correctas.

79. c) Una vez cada dos meses.

80. b) Con agua, detergente y lejía en dilución 1:50.

81. d) Todas las respuestas son correctas.

82. c) Ligeramente inclinado a la derecha.

83. c) Con agua y unas gotas de vinagre.

84. d) Un detergente ácido.

85. b) Con agua y jabón.

86. a) Se recomienda el aspirado frecuente o cepillado ligero para remover el polvo.

87. b) Se lavarán con agua, detergente y lejía en dilución 1:50.

88. a) Con bayeta húmeda.

89. a) Con un cepillo muy suave, impregnado de petróleo, se cepilla suavemente toda la superficie del objeto.

90. a) Un mineral.

91. b) Quitar el polvo previamente con una bayeta humedecida en agua casi seca. A continuación un preparado a base de cera.

92. c) Se limpiará introduciendo las velas en agua jabonosa muy fría.

93. b) Con un paño humedecido con una solución de citrato sódico al 10 %.

94. c) Con aspiradora.

95. a) Se puede lavar con agua.

Limpieza. Técnicas de limpieza hospitalaria. Técnica del doble cubo. Sistema de fregado rasante

1. ¿Para qué se usa la mopa gasa?

a) Para una primera eliminación de la suciedad que no está adherida al suelo.
b) Para el fregado en seco.
c) Para el fregado en húmedo.
d) Para limpieza de suciedades adheridas.

2. ¿Qué colores de cubo se usan para el sistema de doble cubo?

a) Azul y verde.
b) Rojo y verde.
c) Azul y rojo.
d) Verde y negro.

3. En la limpieza con mopa, como media ¿cuánto se puede limpiar con una misma mopa?

a) Una habitación o 25 metros.
b) Dos habitaciones.
c) Una habitación o 50 metros.
d) Una planta.

4. ¿Cómo se limpiarán de forma rutinaria las rejillas de aire acondicionado?

a) Desmontándolas y sumergiendo en agua con detergente.
b) Con bayeta húmeda con detergente y/o desinfectante.
c) En seco.
d) Sin desmontarlas y en seco.

5. Señala la respuesta correcta acerca del uso de la bayeta de tela sin tejer:

a) Se utiliza para limpiar en seco.
b) Esta bayeta necesita ser humedecida con agua o solución de detergente neutro.

c) Este tipo de bayetas está en desuso.

d) Ninguna es correcta.

6. ¿Qué tipo de guantes se utilizarán para la limpieza?

a) Estériles.

b) De vinilo.

c) De algodón.

d) De goma.

7. De entre las protecciones que debe tener la maquinaria de limpieza, ¿cuál de las siguientes es correcta?

a) Protección eléctrica Clase II, con doble aislamiento.

b) Protección con sobrecalentamiento.

c) Máxima emisión de partículas.

d) Nivel sonoro superior a los límites establecidos por la normativa para los tipos de actividad que se desarrollen en las áreas de utilización.

8. ¿Qué composición tendrá el carro de limpieza?

a) Ser ágil, rodable con ruedas giratorias y sistema de frenado.

b) Dispondrá de una bandeja de 15 centímetros de profundidad mínima, una para material de cuartos de baño y otra para material de limpieza de mobiliario.

c) Dos cubos pequeños de diferente color para la limpieza de superficies diferentes al suelo, y para limpiar los paños después de cada habitación.

d) Todas las respuestas son correctas.

9. ¿En cuáles de las siguientes zonas se utiliza exclusivamente la limpieza de suelos mediante barrido en seco?

a) Talleres, almacenes ubicados fuera de las áreas asistenciales y en las zonas administrativas.

b) Talleres, exteriores y pasillos del Centro ubicados fuera de las áreas asistenciales.

c) Talleres, almacenes ubicados fuera de las áreas asistenciales y exteriores.

d) Talleres, exteriores y cafeterías.

10. ¿En las zonas administrativas del hospital está permitido el uso de cepillo y escobas?

a) SI.

b) No.

c) Sí, pero solo por la tarde cuando no se encuentra el personal en las dependencias administrativas.

d) No está regulado en los procedimientos generales de limpieza.

11. ¿Cuál de las siguientes opciones de doble cubo es la recomendada para el fregado de las habitaciones de los pacientes?

a) Cubo de limpio: agua+desinfectante. Cubo de sucio: agua+detergente.
b) Cubo de limpio: agua+detergente+desinfectante. Cubo de sucio: agua.
c) Cubo de limpio: agua+detergente. Cubo de sucio: agua+desinfectante.
d) Ambos cubos con: agua+detergente+desinfectante.

12. Es una característica de la fliselina:

a) Alta flamabilidad.
b) Poca resistencia a la abrasión.
c) Genera pelusa e hilachas libres en condiciones normales de uso.
d) Resistente al calor.

13. ¿Cuál de las siguientes NO es una característica principal de la fliselina?

a) Producto de baja resistencia mecánica y química.
b) Muy baja flamabilidad.
c) Resistente a la abrasión.
d) No genera pelusas ni hilachas libres en condiciones normales de uso.

14. En relación con la eliminación del polvo en el proceso de limpieza, podemos afirmar que:

a) Utilizando una escoba y un recogedor evitaremos su difusión.
b) Utilizando un plumero garantizamos que el polvo se descomponga.
c) Utilizando el barrido húmedo conseguiremos una mejor eliminación del polvo.
d) La eliminación del polvo no es objeto de las tareas de limpieza.

15. ¿Cuál de las siguientes es de tela sin tejer?

a) Bayetas impregnadas.
b) Bayeta ecológica.
c) Gamuza sintética.
d) Paño.

16. ¿Para qué se utiliza generalmente el paño de color azul?

a) Para todo objeto de la habitación, fuera del baño.
b) Para los sanitarios.
c) Para el retrete.
d) Para todo.

17. ¿Cuál es una mopa impregnada?

a) Mopa de microfibra.
b) Mopa de fliselina.
c) Mopa de flecos.
d) Fregona.

18. ¿En qué se basa la fregadora rotativa?

a) En el arrastre de partículas en seco con succión.
b) En el principio de humectación y absorción.
c) En un conjunto de cerdas que son arrastradas mecánicamente siempre en línea recta.
d) En el principio de un disco giratorio robusto portaplato de arrastre o cepillos y equilibrado dinámicamente.

19. ¿Cómo se vacía la aspiradora de agua?

a) Por el giro basculante del recipiente contenedor de líquido sobre los soportes del bastidor del carro.
b) Por conexión de manguera a boquilla inferior de salida a través de válvula de cierre en fondo de contenedor.
c) Por extracción del contenedor del soporte y vaciado independiente.
d) Cualquiera de las posibilidades anteriores es correcta.

20. ¿Para qué uso está diseñada la fregadora automática?

a) Espacios reducidos.
b) Exteriores.
c) Pasillos.
d) Habitaciones.

21. ¿Cómo funciona la máquina de alta presión?

a) Con un chorro de agua.
b) Por fricción.
c) Por arrastre.
d) Por aire.

22. ¿Qué espacio tendrán las bandejas del carro de limpieza para sistema de doble cubo?

a) Para dos cubos de fregar.
b) Para dos cubetas de 3-5 litros.

c) Para seis cubetas.
d) Para un cubo de 15 litros.

23. ¿Cómo serán los dos cubos del carro para sistema de doble cubo?

a) Del mismo color.
b) De entre 3-5 litros.
c) De distinto color.
d) De distinta forma.

24. Si debe limpiar un suelo liso tratado con ceras dentro de una habitación, ¿qué tipo de barrido utilizaría?

a) El barrido en seco, por ser el más rápido.
b) El barrido asistido, utilizando serrín y un escobón.
c) El barrido húmedo.
d) Ese tipo de suelo no debe barrerse, debe fregarse con una mopa de un solo cubo.

25. ¿En qué caso se utilizará mascarilla?

a) Siempre.
b) Para la limpieza en hospitales.
c) Cuando se trabaja en ambiente contaminado.
d) Cuando hay polvo en el hospital.

26. ¿Qué es un EPI?

a) Equipo de protección individual.
b) El uniforme de trabajo.
c) Un utensilio de trabajo.
d) Una herramienta.

27. ¿Qué es una rotativa?

a) Una máquina que sirve para fregar y secar el suelo.
b) Una máquina que se utiliza para limpiar y abrillantar el suelo.
c) Una máquina que se utiliza para barrer las calles.
d) Una máquina utilizada para la limpieza de alfombras.

28. ¿Qué máquinas eliminan la suciedad por chorro de agua?

a) Las autolavadoras.
b) Las máquinas de vapor.
c) Las máquinas de alta presión.
d) Las máquinas de detergente espumoso.

29. ¿Cómo se debe actuar en el caso de que limpiando una sala de quirófano nos manchemos con fluido corporales?

a) Seguiremos limpiando y nos cambiaremos cuando finalicemos el trabajo.
b) Seguiremos limpiando, hasta finalizar la tarea, y tiraremos la bata al finalizar el día.
c) Se debe cambiar inmediatamente y realizar higiene de manos.
d) Ninguna es correcta.

30. En las aspiradoras de polvo el procedimiento de vaciado puede ser:

a) Por retirada de la bolsa.
b) Por vaciado en bolsa de basura del depósito contenedor.
c) Por aspiración.
d) Las opciones a y b son correctas.

Solución al test n.º 14

1. a) Para una primera eliminación de la suciedad que no está adherida al suelo.

2. c) Azul y rojo.

3. a) Una habitación o 25 metros.

4. b) Con bayeta húmeda con detergente y/o desinfectante.

5. b) Esta bayeta necesita ser humedecida con agua o solución de detergente neutro.

6. d) De goma.

7. a) Protección eléctrica Clase II, con doble aislamiento.

8. d) Todas las respuestas son correctas.

9. c) Talleres, almacenes ubicados fuera de las áreas asistenciales y exteriores.

10. b) No.

11. d) Ambos cubos con: agua+detergente+desinfectante.

12. d) Resistente al calor.

13. a) Producto de baja resistencia mecánica y química.

14. c) Utilizando el barrido húmedo conseguiremos una mejor eliminación del polvo.

15. c) Gamuza sintética.

16. a) Para todo objeto de la habitación, fuera del baño.

17. b) Mopa de fliselina.

18. d) En el principio de un disco giratorio robusto portaplato de arrastre o cepillos y equilibrado dinámicamente.

19. d) Cualquiera de las posibilidades anteriores es correcta.

20. c) Pasillos.

21. a) Con un chorro de agua.

22. b) Para dos cubetas de 3-5 litros.

23. c) De distinto color.

24. c) El barrido húmedo.

25. c) Cuando se trabaja en ambiente contaminado.

26. a) Equipo de protección individual.

27. b) Una máquina que se utiliza para limpiar y abrillantar el suelo.

28. c) Las máquinas de alta presión.

29. c) Se debe cambiar inmediatamente y realizar higiene de manos.

30. d) Las opciones a y b son correctas.

Cómo acceder al Curso

Operario/a de Servicios
Test del temario

El uso de los códigos **es exclusivo de los compradores de los productos de Editorial MAD**. Cada producto posee un código único y de un solo uso. Es personal e intransferible y da acceso a servicios y contenidos adicionales. Editorial MAD se reserva el derecho de hacer cuantas comprobaciones sean necesarias para identificar al legítimo poseedor del código y dejar de dar servicio a quien haga uso fraudulento del mismo, además de emprender cuantas acciones legales estime oportunas según la legislación vigente.

Deberás acceder a:

mad.es/registro-campus

Si una vez aceptadas las condiciones de uso del Campus decides hacer uso del mismo, necesitarás del siguiente código de acceso junto con los códigos del resto de títulos que se exigen (si fuera el caso):

JBSLZGX9UA